U0960327

"十三五"职业教育汽车类专业"互联网＋"创新教材

汽车发动机电控系统检修

主　编　刘冬生　郭奇峰　韩松畴

副主编　陈帮鸿　何启勇　陆晓平

参　编　李选剑　张燕冲　吴川刚　林　宇

姜一平　刘耿坚　李虹瑾

机械工业出版社

本书采用项目驱动、任务实施的形式编写，由五个项目组成，共有十四个任务，即发动机电控系统的认知、曲轴位置传感器的检修、空气流量传感器的检修、进气压力传感器的检修、凸轮轴位置传感器的检修、冷却液温度传感器的检修、节气门位置传感器的检修、氧传感器的检修、爆燃传感器的检修、燃油供给系统的检修、喷油器的检修、点火系统的检修、怠速控制系统的检修和排放控制系统的检修。每个任务按任务目标、任务引入、任务分析、相关知识、任务实施、知识拓展及课后测评等环节展开，并配有单独的工作页。

本书彩色印刷，图片清晰，内容新颖全面，通俗易懂，并整合了移动多媒体技术，在学习资料文体或相关图片附近设置二维码，使用者用智能手机进行扫描，便可在手机屏幕上显示相关的多媒体内容，方便读者理解相关知识，以便更深入地学习。

本书可作为职业院校汽车类专业的教学用书，也可以作为职业技能培训和从事相关专业人员的参考书。

图书在版编目（CIP）数据

汽车发动机电控系统检修/刘冬生，郭奇峰，韩松畴主编．—北京：机械工业出版社，2017.6
“十三五”职业教育汽车类专业“互联网＋”创新教材
ISBN 978-7-111-57127-8

Ⅰ.①汽…　Ⅱ.①刘…②郭…③韩…　Ⅲ.①汽车－发动机－电子系统－控制系统－检修－中等专业学校－教材　Ⅳ.①U472.43

中国版本图书馆CIP数据核字（2017）第139108号

机械工业出版社（北京市百万庄大街22号　邮政编码100037）
策划编辑：师　哲　责任编辑：师　哲
责任校对：张　薇　封面设计：张　静
责任印制：李　飞
北京新华印刷有限公司印刷
2017年8月第1版第1次印刷
184mm×260mm·12.5印张·300千字
0001—2900册
标准书号：ISBN 978-7-111-57127-8
定价：44.8元

凡购本书，如有缺页、倒页、脱页，由本社发行部调换

电话服务
服务咨询热线：010-88379833
读者购书热线：010-88379649

网络服务
机 工 官 网：www.cmpbook.com
机 工 官 博：weibo.com/cmp1952
教育服务网：www.cmpedu.com
金 书 网：www.golden-book.com

封面无防伪标均为盗版

前言

本书根据职业院校的教学特点，以提高学习者的职业能力和职业素养为宗旨，倡导以学生为本的教育理念，在进行广泛的企业、行业调研的基础上编写而成。

本书借鉴了德国职业教育的先进教学理念，把行业能力标准作为课程教学目标和鉴定标准，按照行业能力要求组织教学内容，在教材开发过程中充分体现一体化的职业教育理念，贯穿“工作过程系统化”的项目课程开发思想，针对职业院校学生的学习特征设计教学活动，且教学活动环境主要模拟企业真实的工作场景，学生可通过完成任务引入布置的任务掌握必需的理论知识；再通过任务实施来解决任务引入中的问题，从而培养分析问题和解决问题的能力，使学生在做中学、学中做，从而具备综合的职业能力。

本书根据汽车维修行业职业需求和岗位要求设置教学任务，将抽象深奥的知识简单化、形象化、感性化，使理论描述简单直观，可直接认知，实践叙述与实际维修作业流程相吻合。

本书由五个项目组成，共有十四个任务，即发动机电控系统的认知、曲轴位置传感器的检修、空气流量传感器的检修、进气压力传感器的检修、凸轮轴位置传感器的检修、冷却液温度传感器的检修、节气门位置传感器的检修、氧传感器的检修、爆燃传感器的检修、燃油供给系统的检修、喷油器的检修、点火系统的检修、怠速控制系统的检修和排放控制系统的检修。

本书由刘冬生、郭奇峰、韩松畴担任主编，陈帮鸿、何启勇、陆晓平担任副主编，参加编写工作的还有刘耿坚、李选剑、张燕冲、吴川刚、林宇、姜一平、李虹瑾。

在本书的编写过程中，上海景格科技有限公司的王学成给予了大力帮助并提供了许多资料，同时也参考了大量的书籍并借鉴了汽车维修手册和相关培训资料，在此致以诚挚的谢意。

由于编者水平有限，书中不妥之处，恳请读者和专家批评、指正。

编　者

目 录

项目一 / Project 1

发动机电控系统概述

任务 发动机电控系统的认知

任务目标

1. 掌握发动机电控系统的基本组成与功用。
2. 在实车上能准确找到发动机各传感器和执行器。
3. 了解发动机电控系统的基本类型。
4. 了解自诊断系统的作用。
5. 会熟练使用汽车故障诊断仪。

任务引入

有一位丰田卡罗拉轿车车主将车开到维修站，反映发动机起动后位于仪表内的发动机故障指示灯常亮（图1-1），需要维修。

图1-1 发动机故障警告灯

扫一扫

发动机故障警告灯工作原理

任务分析

汽车技术的发展已进入了一个全新的电子时代，随着技术的不断进步，汽车电子控制的内容和精度也不断增加，以发动机电控系统为例，该系统已经由原来单一的燃油喷射控制系统发展到当前的集燃油喷射控制、电子点火、怠速控制、进气控制、增压控制、尾气排放控制及诊断、数据通信为一体的发动机管理系统。在发动机电控系统中，各种传感器提供信号给发动机ECU，ECU根据这些信号来控制发动机的运转。当ECU检测到某个传感器没有发出信号时，发动机故障指示灯点亮。引起发动机故障指示灯常亮的原因有很多，本任务主要学习发动机电控系统的基本组成、作用和如何利用故障诊断仪检测发动机控制系统的故障。

相关知识

一、发动机电控系统的组成

发动机电控系统主要由燃料供给系统、点火控制系统、电子控制系统、辅助控制系统和自诊断系统等组成。

1. 燃料供给系统

燃料供给系统又包括燃油供给系统和空气供给系统。

（1）燃油供给系统　燃油供给系统的作用是提供汽油喷射所需的压力燃油，在电控单元控制下将燃油喷入进气歧管，如图 1-2 所示，燃油供给系统主要包括汽油箱、电动汽油泵、进油管、汽油滤清器、燃油分配管、油压调节器、回油管和喷油器等。

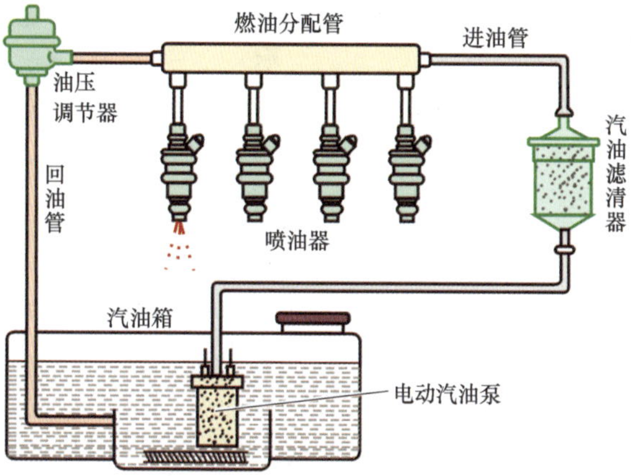

图 1-2　燃油供给系统的组成

（2）空气供给系统　空气供给系统的作用是为发动机提供清洁的空气，并负责测量、控制汽油燃烧所需的空气量，如图 1-3 所示，空气供给系统主要包括空气滤清器、节气门体、

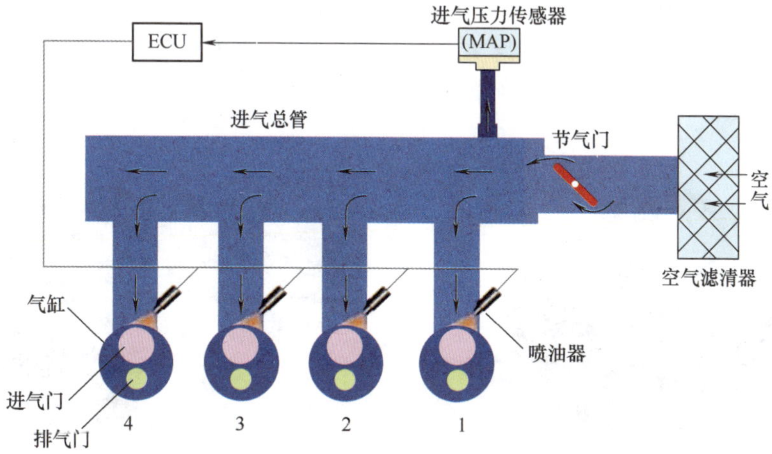

图 1-3　空气供给系统的组成

进气压力传感器、进气总管和进气歧管等。

2. 点火控制系统

点火控制系统的作用是在适当的时刻产生电火花点燃被压缩的混合气。如图 1-4 所示，点火控制系统主要包括火花塞和点火线圈等。

3. 电子控制系统

电子控制系统负责收集发动机的工况信息，确定最佳喷油时刻、最佳喷油量和最佳点火时刻。如图 1-5 所示，电子控制系统主要由传感器、发动机控制单元（ECU）和执行器三大部分组成。

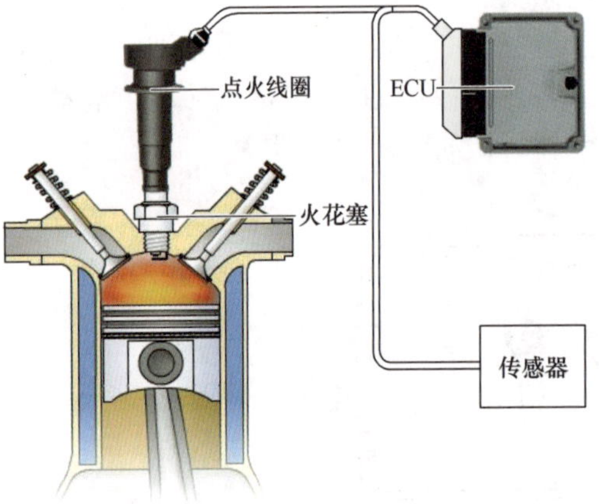

图 1-4 点火系统的组成

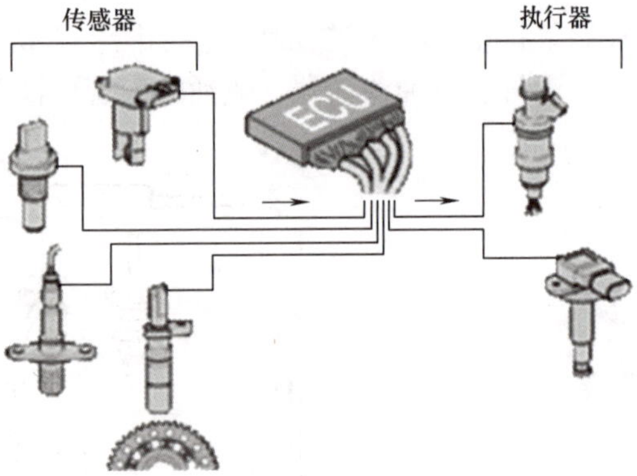

图 1-5 电子控制系统的组成

（1）传感器　装在发动机各个位置的信号装置，用来检测发动机运行状态下的各种参数，并将它们转换成电信号，再输送给 ECU。传感器相当于人的“眼睛、耳朵和鼻子”。电控汽油发动机一般安装有空气流量传感器、进气压力传感器、曲轴位置传感器、凸轮轴位置传感器、节气门位置传感器、冷却液温度传感器、进气温度传感器、爆燃传感器和氧传感器等。

1）空气流量传感器（图 1-6）安装在空气滤清器后方的进气管道上，用于测量发动机的进气量，并将进气量转换成电信号输送给 ECU，是燃油喷射和点火控制的主控信号。

2）进气压力传感器（图 1-7）安装在节气门后方的进气总管上，用于测量进气歧管内气体的绝对压力，并将进气歧管压力转换成电信号输送给 ECU，作为燃油喷射和点火控制的主控信号。

图 1-6 空气流量传感器

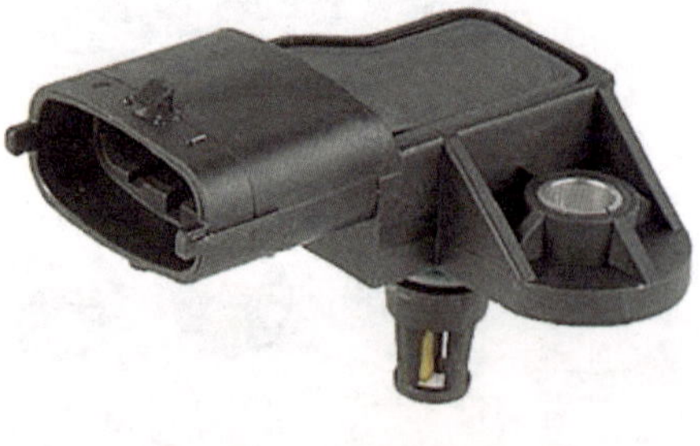

图 1-7 进气压力传感器

3）曲轴位置传感器（图 1-8）又称转速传感器，一般安装在曲轴前端或后端的气缸体上，用于测量曲轴转角，给 ECU 提供发动机转速和曲轴转角信号，作为喷油正时控制和点火控制的主控信号。

4）凸轮轴位置传感器（图 1-9）一般安装在凸轮轴前端或后端的壳体上，用于给 ECU 提供曲轴转角基准信号（G 信号），作为喷油正时和点火正时控制的主控信号。

图 1-8　曲轴位置传感器

图 1-9　凸轮轴位置传感器

5）节气门位置传感器（图 1-10）安装在节气门阀体上，通常与节气门做成一体，用于检测节气门的开度及开度变化，并将此信号转变为电信号输送给 ECU，用于燃油喷射控制和其他辅助控制。

图 1-10　节气门位置传感器

6）发动机冷却液温度传感器（图 1-11）安装在气缸盖上或发动机出水口的管道上，用于给 ECU 提供发动机冷却液温度信号，作为燃油喷射控制和点火控制的修正信号。

7）进气温度传感器（图 1-12）安装在进气管上，大部分车型将其与空气流量传感器或进气压力传感器做成一体，用于给 ECU 提供进气温度信号，作为燃油喷射控制和点火控制的修正信号。

图 1-11　冷却液温度传感器

图 1-12　进气温度传感器

8）氧传感器（图 1-13）安装在排气总管上，用来检测排气中氧的含量，将氧的含量转变为电信号并输送给 ECU，作为空燃比的反馈信号，进行喷油量的闭环控制。

9）爆燃传感器（图 1-14）安装在缸体上，用于检测发动机是否爆燃及爆燃强度，将此信号转变为电信号输送给 ECU，作为点火正时控制修正（反馈）信号。

图 1-13　氧传感器

图 1-14　爆燃传感器

（2）发动机控制单元　发动机控制单元简称 ECU，根据发动机各个位置上传感器发送来的信号，按照一定的程序进行运算、储存和分析处理，然后输出指令，控制执行元件工作，以达到快速、准确、自动地控制发动机工作的目的。发动机控制单元相当于人的“大脑”，如图 1-15 所示。

（3）执行器　执行器接收 ECU 的指令，完成必要的动作，如喷油、点火等。执行器相当于人的“手和脚”。电控汽油发动机上一般有电动燃油泵、喷油器、点火线圈、怠速控制阀和真空电磁阀等执行器。

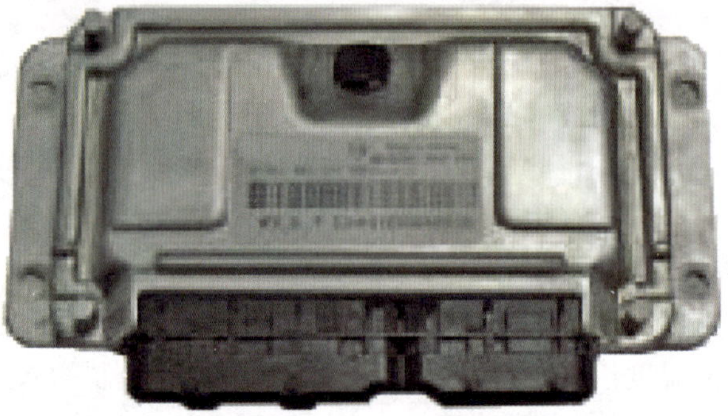

图 1-15　发动机控制单元

1）电动燃油泵（图 1-16）一般安装在燃油箱内，向发动机提供压力燃油。

2）喷油器（图 1-17）安装在进气歧管的末端，在 ECU 的控制下打开或关闭，喷射适时，适量的燃油。

图 1-16　电动燃油泵

图 1-17　喷油器

3）点火线圈（图1-18）安装在各缸火花塞的顶部，其作用是根据ECU的指令，适时产生高压火花，点燃气缸内的可燃混合气。

4）怠速控制阀（图1-19）一般安装在节气门体上，其作用是在怠速时由ECU控制进气量，根据不同怠速工况满足怠速对空气的需要。

图1-18　点火线圈

图1-19　怠速控制阀

5）真空电磁阀（图1-20）一般安装在发动机进气管的旁边，其作用是在ECU的控制下打开或关闭真空管路，用于进气谐振控制或废气再循环控制等。

4. 辅助控制系统

辅助控制系统包括怠速控制系统和进排气控制系统等。

1）怠速控制系统是由ECU控制怠速控制阀工作，向进气系统提供发动机怠速时所需的进气量。

2）进排气控制系统是指利用ECU控制多种排气净化装置，如废气再循环（EGR）、二次空气喷射控制系统等。

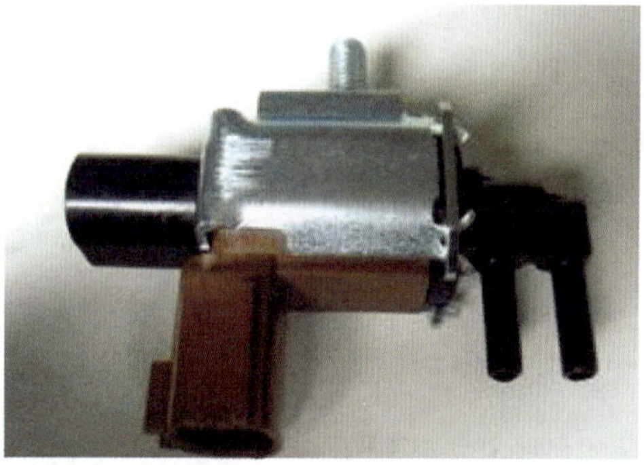

图1-20　真空电磁阀

5. 自诊断系统

自诊断系统可以在发动机工作时检测各个电子器件的工作情况，当出现故障时，位于仪表盘内的发动机故障指示灯会亮起，并且存储故障码。驾驶人发现故障灯亮时，可到维修点进行检查，此时可以利用故障诊断仪将故障码调出来，方便更快、更准确地找到故障。

二、发动机电控燃油喷射系统的分类

发动机电控燃油喷射系统按汽油喷射位置、汽油喷射方式和进气量检测方式可进行不同的分类。

1. 按汽油喷射位置分类

（1）缸内喷射　直接将汽油喷入缸内，虽然这种喷射方式制造成本高，但汽油雾化效果好，燃烧充分，如图 1-21 所示。

(2) 缸外喷射　通过喷油器将具有一定压力的汽油，喷射到进气歧管的末端，如图 1-22 所示。

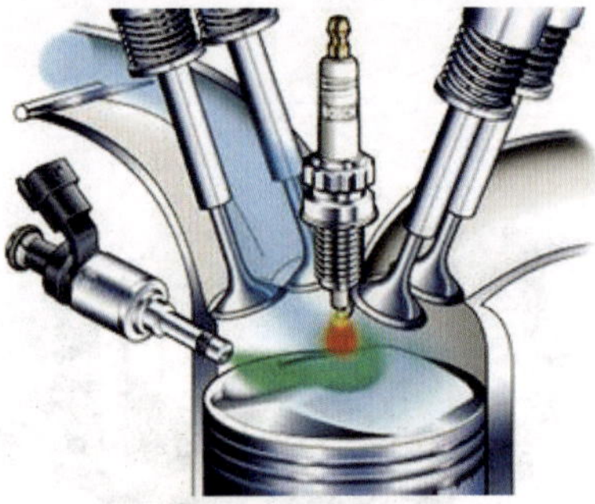

◣图 1-21　缸内喷射

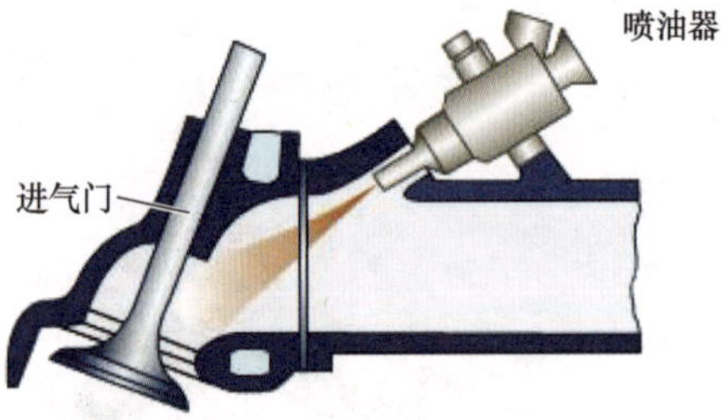

◣图 1-22　缸外喷射

2. 按汽油喷射方式分类

(1) 连续喷射　在发动机运转期间，汽油由喷油器连续不断地喷射，由于这种方式汽油是在进气道内蒸发并与空气混合，故混合气形成质量较差，如图 1-23 所示。

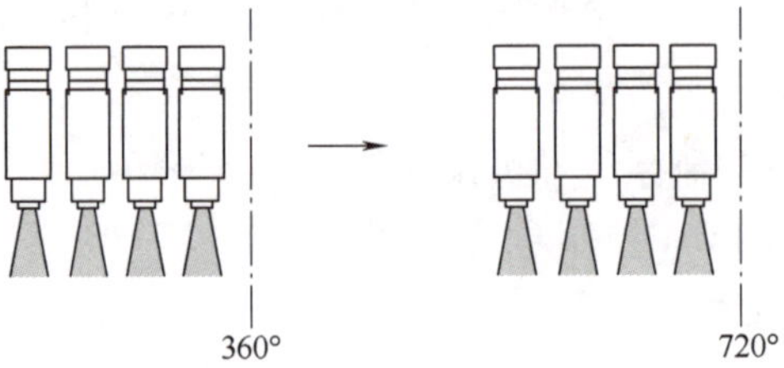

◣图 1-23　连续喷射

(2) 间歇喷射　间歇喷射也称脉冲喷射，在发动机运转期间汽油适时地由喷油器喷出，在喷射压力一定的条件下，喷油量取决于喷油器针阀打开时间的长短，即受 ECU 指令喷油脉冲宽度长短的影响，如图 1-24 所示。

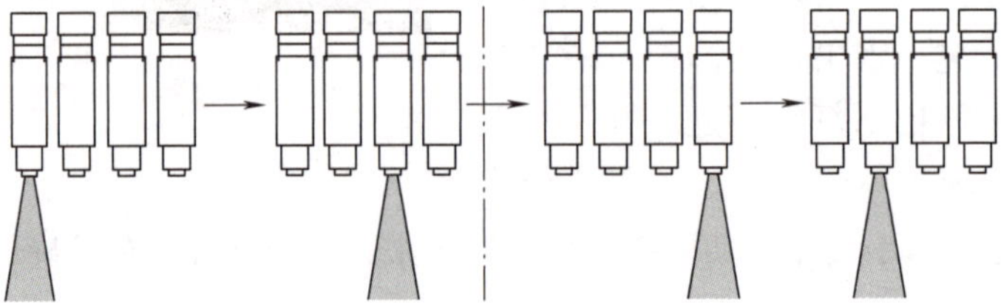

◣图 1-24　间歇喷射

3. 按进气量检测方式分类

(1) D 型汽油控制喷射系统　通过检测进气歧管的真空度来间接测量发动机吸入的空气量，由于空气在进气管内存在压力波动，所以测量精度略低，但传感器尺寸较小，成本较低，因此在一些经济型轿车上采用较多，如图 1-25 所示。

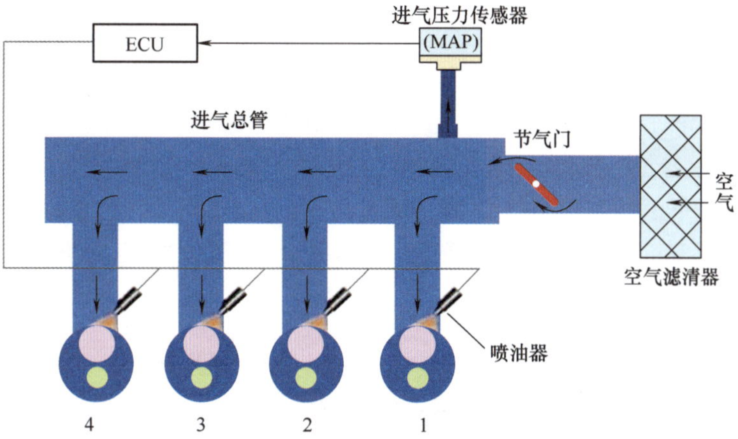

图 1-25 D 型汽油控制喷射系统

（2）L 型汽油控制喷射系统 利用空气流量传感器直接测量发动机吸入的空气量，精度较高，因而可以准确地控制空燃比，如图 1-26 所示。

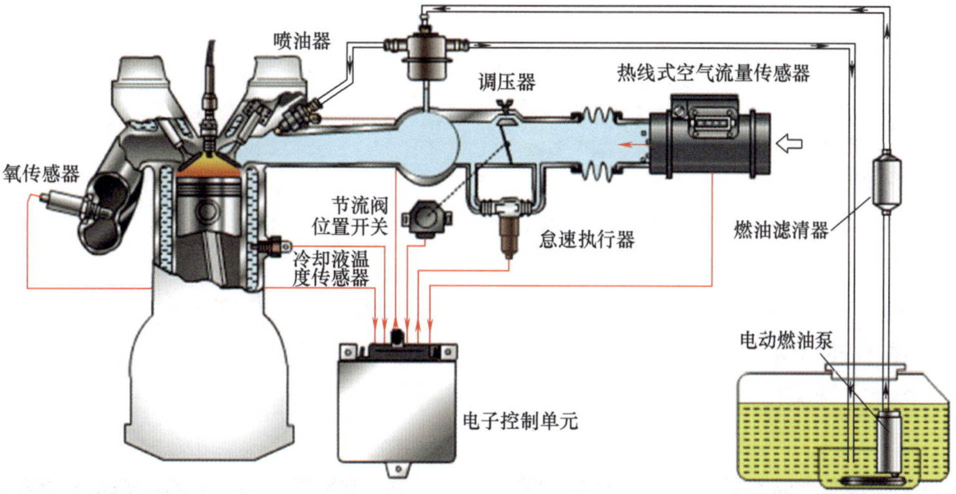

图 1-26 L 型汽油控制喷射系统

三、发动机电控系统电源电路

丰田卡罗拉 1ZR-FE 发动机电控系统电源电路，如图 1-27 所示。

当接通点火开关时，继电器 IG2 被通电激励，其触点闭合，蓄电池电压经熔丝 IG2—继电器 IG2 触点—熔断丝 IGN—ECU 的 IGSW 端子，ECU 再通过 MREL 端子向继电器 EFI MAIN 的线圈供电，使继电器 EFI MAIN 被通电激励，其触点闭合，蓄电池电压经熔丝 EFI MAIN—继电器 EFI MAIN 的触点—熔丝 EFI No. 1—ECU 的 +B 和 +B2 端子，于是 ECU 进入工作状态。

ECU 的 BATT 端子通过熔丝 EFI MAIN 长期与蓄电池正极相通，即该路电源不受点火开关控制，其目的是在点火开关断开的情况下 ECU 的记忆电路仍然能够维持通电，以便 ECU 能够储存故障码等相关信息。ECU 本身通过 E1 端子搭铁。

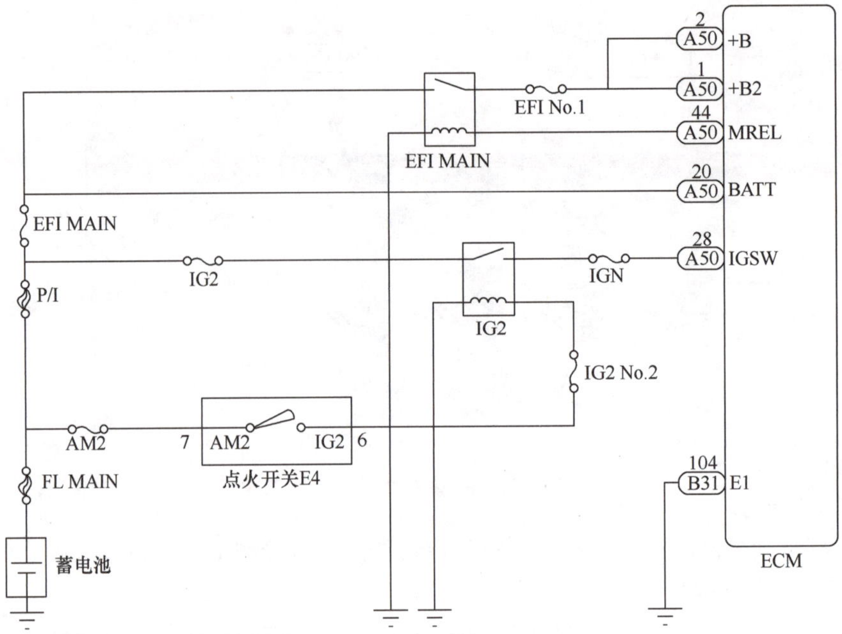

图 1-27　发动机电控系统电源电路

任务实施

根据任务引入所述的故障现象，首先应执行如下的检修步骤。

1）检查变速器档位是否处于 P 位，驻车制动器是否处于制动状态。

2）打开位于仪表板左下方的车辆诊断接口盖，将汽车故障诊断仪连接到车辆故障诊断接口，如图 1-28 所示。

3）将点火开关打到 ON 位。

4）打开汽车故障诊断仪，如图 1-29 所示。

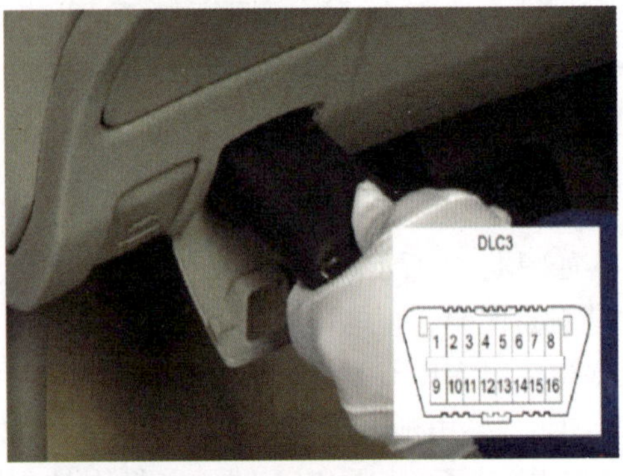

图 1-28　连接诊断接口

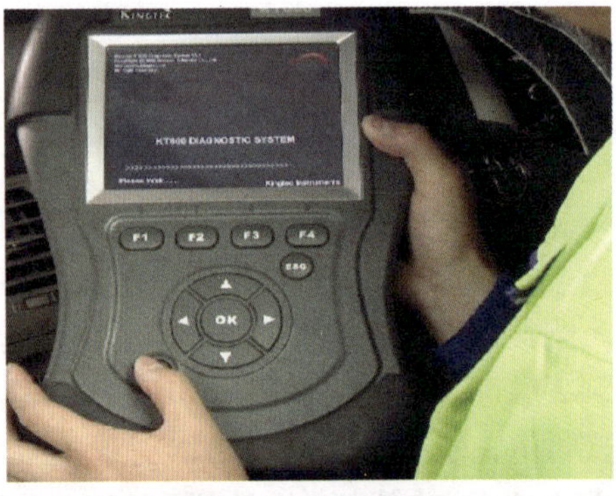

图 1-29　打开汽车故障诊断仪

5）选择汽车诊断，如图 1-30 所示。

6）选择相应的车系，如图 1-31 所示。

图 1-30　选择汽车诊断

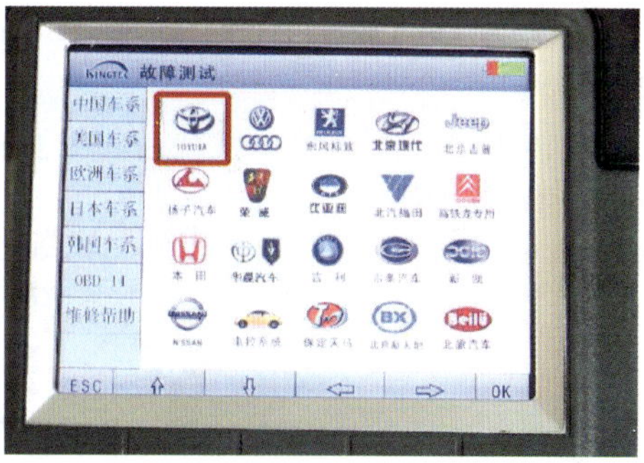

图 1-31　选择车系

7）选择进入发动机系统。

8）选择读取故障码，如图 1-32 所示；查看诊断仪是否显示故障码。

9）选择读取定格数据流。定格数据是指故障码产生时发动机的运行参数，便于维修人员对故障发生时的状态进行分析。主要读取与故障码相关的定格数据。

10）清除故障码。清除完故障码后再次读取故障码，查看故障码是否再次出现，如再次显示相同的故障码，说明与故障码相关的传感器或相关电路可能存在故障，需要执行相关的检查。如果不再显示的故障码，说明可能是历史码或间歇性故障。

11）选择读取数据流。在发动机起动过程中，读取发动机的数据流。要查看发动机转速、发动机冷却液温度、进气温度、发动机进气量、节气门开度、喷油脉宽、点火提前角、氧传感器信号等基本参数是否正常，还要检查与故障码相关的数据流是否正常。

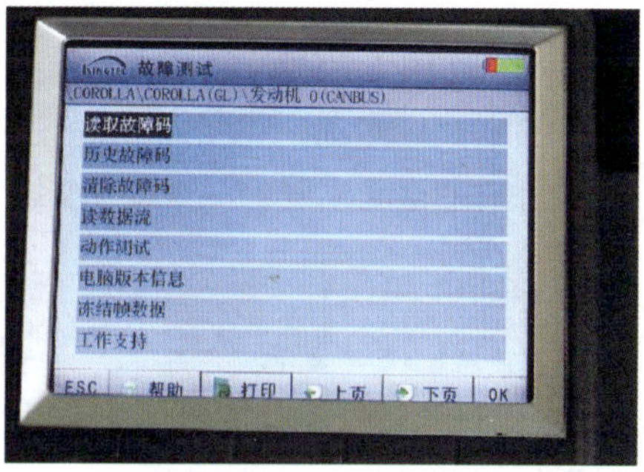

图 1-32　读取故障码

知识拓展

汽油发动机电控喷射系统的分类

1. 按喷油器的数量分类

按喷油器的数量进行分类，可分为单点喷射和多点喷射。单点喷射是在节气门处设一个或多个喷油器，如图 1-33 所示。多点喷射是在每个缸进气歧管处的进气门前方各设一个喷油器，如图 1-34 所示。

2. 按汽油喷射的时序分类

按 ECU 控制喷油器喷射时序的不同可分为同时喷射、分组喷射和顺序喷射三类。

（1）同时喷射　是指发动机在运转期

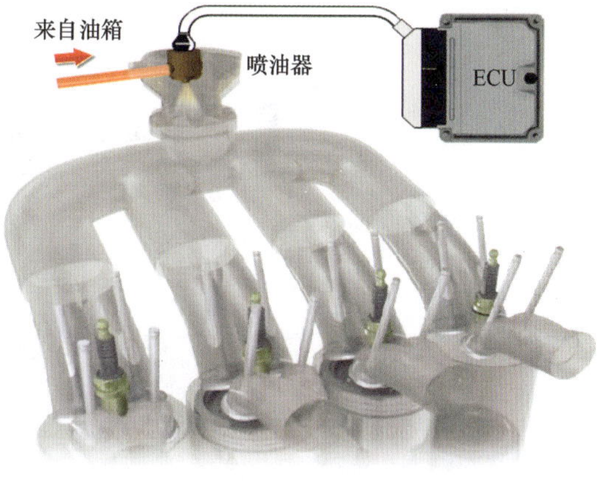

图 1-33　单点喷射

间，各缸喷油器同时开启同时关闭，由 ECU 的同一个喷油指令控制所有的喷油器同时动作，如图 1-35 所示。

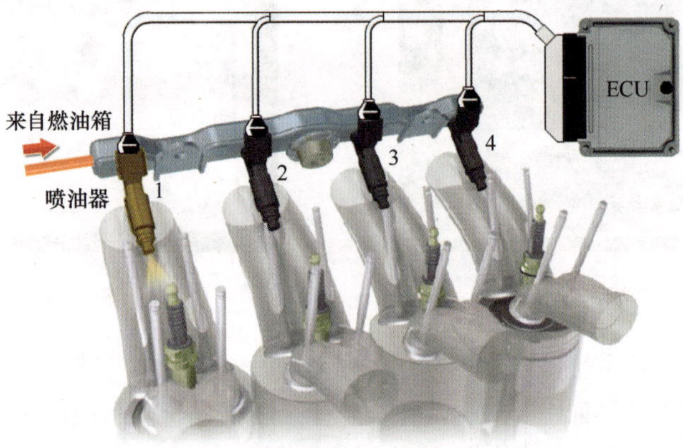

◣ 图 1-34　多点喷射

（2）分组喷射　是指将喷油器分成几组交替喷射，ECU 发出指令，每个指令控制一组喷油器，如图 1-36 所示。

（3）顺序喷射　是指喷油器按照发动机的工作顺序，在各缸排气行程上止点前某一曲轴转角顺序轮流喷射，一般喷射顺序为 1—3—4—2，如图 1-37 所示。

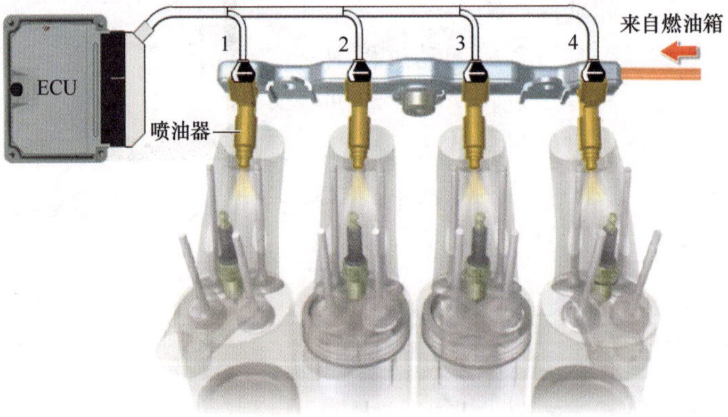

◣ 图 1-35　同时喷射

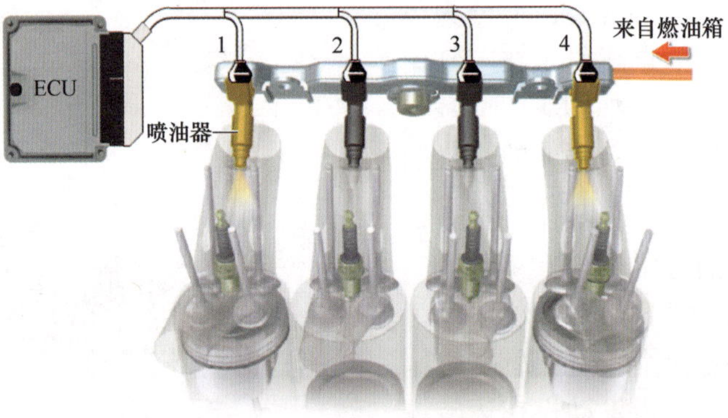

◣ 图 1-36　分组喷射

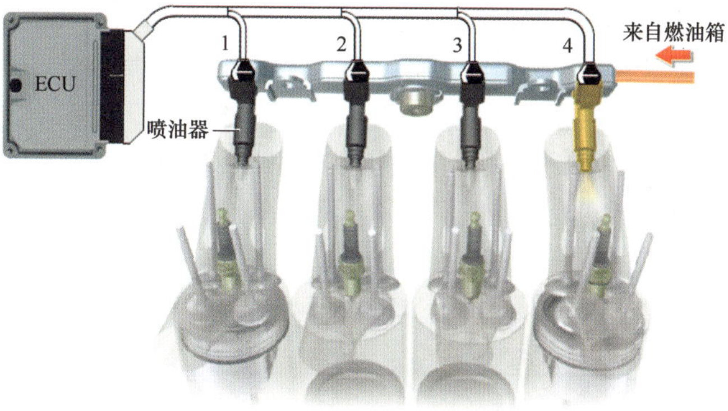

图 1-37 顺序喷射

课后测评

一、填空题

1. 执行器受＿＿＿＿＿＿控制，其作用是＿＿＿＿＿＿＿＿＿＿＿＿。

2. 发动机电子控制系统主要由＿＿＿＿＿、＿＿＿＿＿和＿＿＿＿＿三大部分组成。

3. ＿＿＿＿＿＿＿＿＿＿是发动机电子控制系统的核心。

4. 汽车电子控制系统的执行器主要有＿＿＿＿＿＿、＿＿＿＿＿＿、＿＿＿＿＿＿、＿＿＿＿＿＿和＿＿＿＿＿＿等。

5. 电控燃油喷射系统按进气量的检测方式不同可分为＿＿＿＿＿和＿＿＿＿＿型两种。

二、判断题

1. 传感器相当于人的眼睛、耳朵和鼻子，用于收集发动机的运转信息。（ ）

2. 执行器相当于人的手和脚，用于执行 ECU 的命令。（ ）

3. ECU 相当于人的大脑，用于接收、处理传感器送来的各种信息，并做出决定，向执行器发出工作指令，控制执行器的工作。（ ）

4. 采用空气流量传感器的发动机电控系统称为 D 型汽油控制喷射系统。（ ）

5. 采用进气压力传感器的电控发动机称为 L 型汽油控制喷射系统。（ ）

6. 空气流量传感器一般安装在节气门体的后方。（ ）

7. 凸轮轴位置传感器一般安装在凸轮轴前端或后端的壳体上。（ ）

8. 氧传感器一般安装在进气总管上。（ ）

9. 爆燃传感器一般安装在缸体一侧的表面上或缸盖表面上。（ ）

10. 喷油器一般安装在各缸进气门前的进气道上。（ ）

11. 电子控制系统中的信号输入装置是各种传感器。（ ）

12. 空气流量传感器可应用在 L 型和 D 型电控燃油喷射系统中。（ ）

13. 空气流量传感器与进气压力传感器相比，检测的进气量精度更高一些。（ ）

14. 发动机电控喷射系统由传感器、ECU 和执行器等组成。（ ）

三、选择题

1. 在发动机电控系统中，＿＿＿用于收集发动机的运转信息。

A. ECU　　B. 传感器　　C. 执行器

2. 在发动机电控系统中，____用于接收、处理信息并发送指令。

A. ECU　　B. 传感器　　C. 执行器

3. 在发动机电控系统中，____用于接收指令，完成必要的动作。

A. ECU　　B. 传感器　　C. 执行器

4. 电动燃油泵的安装位置一般在____。

A. 发动机舱内　　B. 驾驶室仪表板的下方

C. 燃油箱的内部　　D. 行李箱内

5. 怠速控制阀一般安装在____。

A. 节气门体的旁通气道上　　B. 驾驶室仪表板的下方

C. 燃油箱的内部　　D. 行李箱内

6. 根据汽油喷射的位置，汽油喷射系统可分为____两大类。

A. 直接喷射到气缸内部的缸内直接喷射和喷射到进气管内的缸外喷射

B. 单点汽油喷射和多点汽油喷射

C. 连续喷射和间歇喷射

7. 在每一缸的进气门前均安装1只喷油器的汽油喷射系统称为____。

A. 缸外喷射　　B. 多点喷射　　C. 多点顺序喷射

8. 按汽油喷射方式分类，汽油喷射系统可以分为____。

A. 缸内直接喷射和缸外喷射

B. 单点喷射和多点喷射

C. 连续喷射和间歇喷射

9. 按喷射时序，多点间歇汽油喷射可分____。

A. 同时喷射、分组喷射和顺序喷射

B. 间歇喷射、同步喷射和异步喷射

C. 同时喷射、同步喷射和异步喷射

四、简答题

1. 简述发动机电控系统的组成及各组成部分的作用。

2. 简述电控燃油喷射系统的燃油供给系统主要由哪些部件组成。

3. 简述电控燃油喷射系统的空气供给系统主要由哪些部件组成。

4. 简述汽车故障诊断仪读取故障码的步骤。

项目二 / Project 2

电子控制系统

任务一

曲轴位置传感器的检修

任务目标

1. 掌握曲轴位置传感器的安装位置、种类和作用。
2. 了解磁感式曲轴位置传感器的工作原理。
3. 能规范地检查磁感式曲轴位置传感器并测量曲轴位置传感器电路。
4. 能排除与曲轴位置传感器相关的故障。

任务引入

有一位丰田卡罗拉轿车车主打电话到维修站反映，起动发动机时，起动机带动发动机运转正常，但发动机却无法起动，需要维修站派修理工到现场维修或拖车。

任务分析

引起发动机无法起动的原因有很多，如：点火系统故障、燃油供给系统故障、发动机机械故障、正时错乱等。本任务主要分析由于曲轴位置传感器故障造成的发动机无法起动。曲轴位置传感器是发动机电控系统中最重要的传感器，也是点火系统和燃油喷射系统共用的传感器。通过对曲轴位置传感器的结构与工作原理的学习，学生能够掌握曲轴位置传感器及相关电路的检测方法。

相关知识

一、曲轴位置传感器的功用

曲轴位置传感器（图 2-1）的功用是检测发动机曲轴运转的角度，将和曲轴角度一一对应的活塞运行位置信号转变为电信号及时发送至发动机 ECU，用以控制点火正时和喷油正时。同时，曲轴位置传感器也是测量发动机转速的信号装置。

图 2-1　曲轴位置传感器

二、曲轴位置传感器的类型

曲轴位置传感器根据产生信号的原理可分为磁感应式、霍尔式和光电式三种，其中磁感应式曲轴位置传感器应用较多。

三、曲轴位置传感器的安装位置

曲轴位置传感器的安装位置随着车型的变化，安装位置也不完全相同，但一般位于发动机的前端靠近曲轴带轮处（图 2-2）、发动机的后端靠近飞轮处或分电器内等。

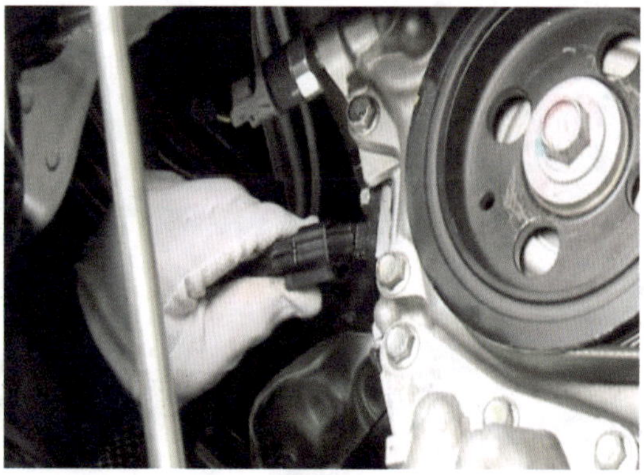

图 2-2　曲轴位置传感器的安装位置

四、磁感应式曲轴位置传感器的结构

磁感应式曲轴位置传感器主要由外圈有凸齿的信号转子和定子组成，定子内部主要由磁感线圈、铁心、永久磁铁、插接器针脚和壳体等组成，如图 2-3 所示。

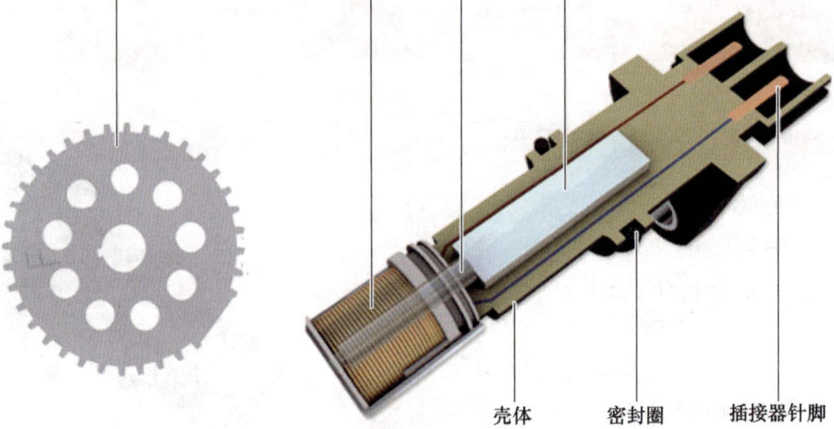

图 2-3　磁感应式曲轴位置传感器的结构

五、磁感应式曲轴位置传感器的工作原理

磁感应式曲轴位置传感器是利用电磁感应原理制成的，即当一个线圈中的磁通量发生变化时，在该线圈的两端就会产生感应电动势。

当装在曲轴前端并随曲轴一起旋转的信号转子凸齿靠近曲轴位置传感器磁极时，磁阻变小，磁通量变大；转子凸齿远离磁极时，磁阻变大，磁通量变小。变化的磁场在传感器线圈中产生交变电信号，通过连接电路传输至 ECU，如图 2-4 所示。信号转子凸齿一般会设计2 ~3个齿的缺口，因此每转一圈会产生 1 个异形的信号，这个异形信号就是发动机转速和 1 缸上止点信号。

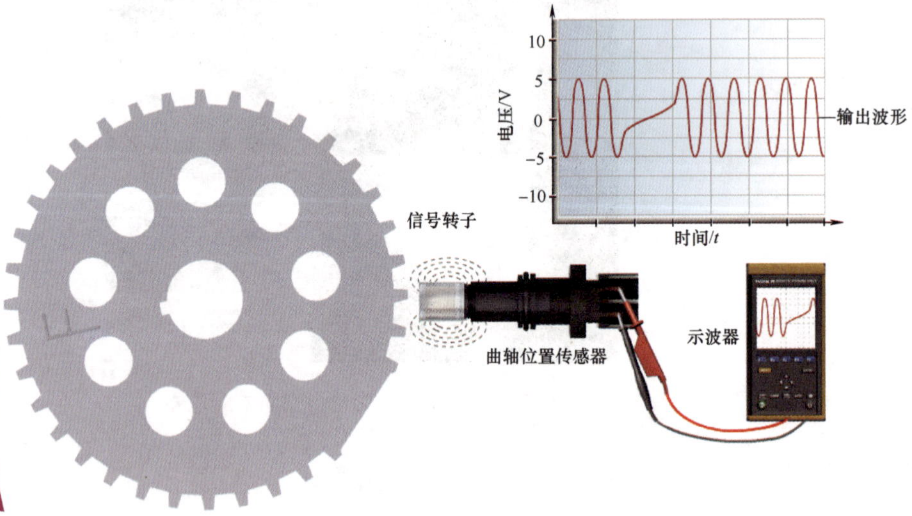

磁感应式传感器工作过程

图 2-4　磁感应式曲轴位置传感器的工作原理

该传感器磁通量变化越快，感应电动势就越大。因此，信号轮的转速越高，交变感应电动势幅值也越大，即传感器的输出信号越强。一般情况下，当发动机的转速在其工作范围内

变化时，该传感器输出的信号电压的幅值可在 0.5～100V 范围内变化。

六、曲轴位置传感器的连接电路

曲轴位置传感器与 ECU 的连接电路如图 2-5 所示。该传感器工作时，不需要外接电源，只要发动机转动自身就能产生电信号，为了防止外界信号对磁感信号的干扰，一般连接电路外表附有屏蔽装置。

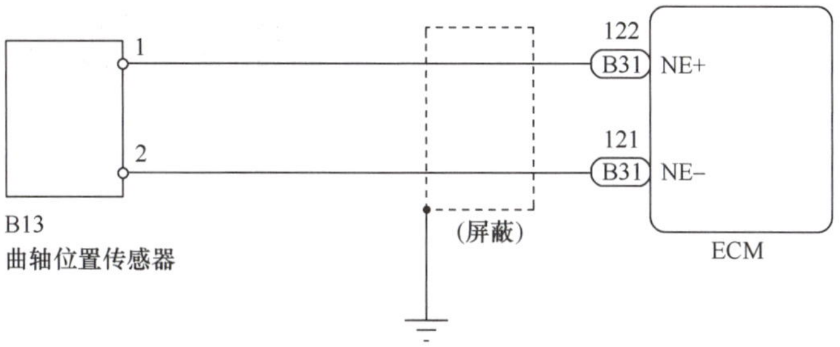

图 2-5　曲轴位置传感器的连接电路

任务实施

根据任务引入所述的故障现象，可以执行如下的检修步骤。

一、使用汽车故障诊断仪读取 ECU 故障码

1）检查变速器档位是否处于 P 位，驻车制动器是否处于制动状态。

2）打开位于仪表板左下方的车辆诊断接口盖，将汽车故障诊断仪连接到车辆故障诊断接口。

3）将点火开关打到 ON 位。

4）打开汽车故障诊断仪。

5）选择汽车诊断。

6）选择相应的车型。

7）选择进入发动机系统。

8）选择读取故障码。

查看诊断仪是否显示 P0335（曲轴位置传感器 A 电路）等与曲轴位置传感器相关的故障码，如显示相关的故障码，说明曲轴位置传感器或相关电路可能存在故障，需要执行相关的检查。

9）选择读取数据流。在发动机起动过程中，读取发动机转速值如果为零。说明曲轴位置传感器、相关电路或 ECU 可能存在故障。

二、拆卸曲轴位置传感器

1）用举升机将车辆举升到合适高度。

2）按压曲轴位置传感器线束插接器锁扣，检查插头插接器是否连接良好。

3）拔出插接器，观察是否有锈蚀、松动，然后分离插接器，如图 2-6 所示。

4）选用合适的工具，正确使用工具拧下传感器螺栓并取下。

5）轻轻转动传感器壳体，并取下传感器。

图 2-6　拔出曲轴位置传感器插接器

三、检测曲轴位置传感器

1）检查确认传感器外观是否完好，O 形圈有没有损坏或老化。

2）选用数字式万用表，正、负表笔对测，检测万用表测量误差是否正常，如图 2-7 所示。

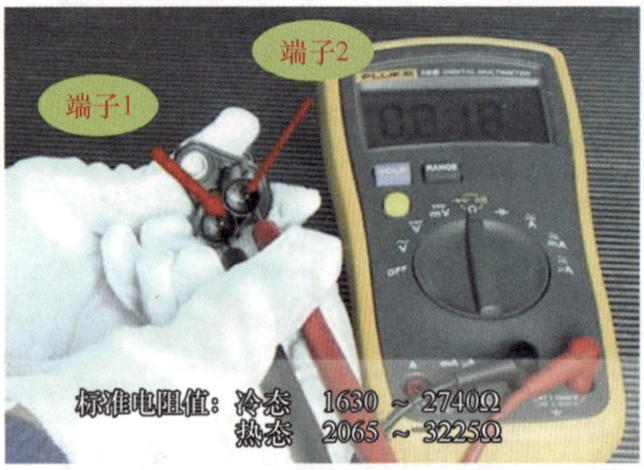

图 2-7　曲轴位置传感器的检测

3）选择欧姆档，将红、黑表笔分别与传感器两端子连接，检测传感器线圈电阻是否正常。正常的传感器线圈阻值冷态（-10 ~ 50℃）下为 1630 ~ 2740Ω，热态（50 ~ 100℃）下为 2065 ~ 3225Ω。如测量值不在上述范围内，需更换曲轴位置传感器。

四、检测曲轴位置传感器电路

1）断开曲轴位置传感器插接器。

2）断开蓄电池负极端子，再断开 ECM 插接器。

3）测量电阻，如阻值不在标准范围内，说明传感器连接电路损坏。标准电阻（断路检查）标准见表 2-1，标准电阻（短路检查）标准见表 2-2。

表 2-1　标准电阻（断路检查）

检测仪连接	条　件	规定状态
B13-1—B31-122（NE+）	始终	小于 1Ω
B13-2—B31-121（NE-）	始终	小于 1Ω

表 2-2　标准电阻（短路检查）

检测仪连接	条　件	规定状态
B13-1 或 B31-122（NE+）—车身搭铁	始终	10kΩ 或更大
B13-2 或 B31-121（NE-）—车身搭铁	始终	10kΩ 或更大

4）重新连接 ECM 插接器。

5）重新连接曲轴位置传感器插接器。

五、检查曲轴位置传感器信号盘

检查曲轴位置传感器信号盘齿应无任何裂纹或变形，如果信号盘齿正常，则更换 ECM；如果异常，则需要更换曲轴位置信号盘。

六、检测曲轴位置传感器的波形

用故障诊断仪的示波器功能，测试曲轴位置传感器的波形如图 2-8 所示。

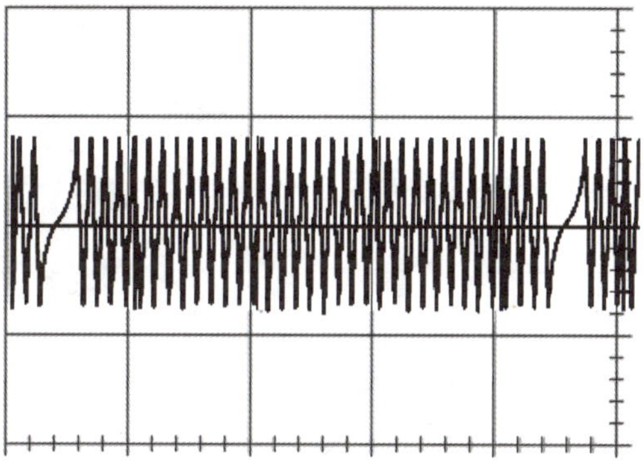

图 2-8　曲轴位置传感器波形

知识拓展

安装在分电器内的磁感应式发动机转速传感器（也称曲轴位置传感器）。

1. 结构

安装在分电器内的磁感应式发动机转速传感器结构如图 2-9 所示，它主要由感应线圈、

图 2-9　安装在分电器内的磁感应式转速传感器的结构

永久磁铁、导磁软体和信号转子等组成。信号转子固定在分电器轴上，由发动机凸轮轴带动其旋转，信号线圈固定在分电器壳体上。

2. 工作原理

当发动机旋转时，信号转子在凸轮轴的带动下转动，使转子凸齿与线圈铁心之间的空气间隙不断改变，穿过线圈铁心中的磁通也不断变化，从而在线圈中产生感应电动势，如图 2-10 所示。

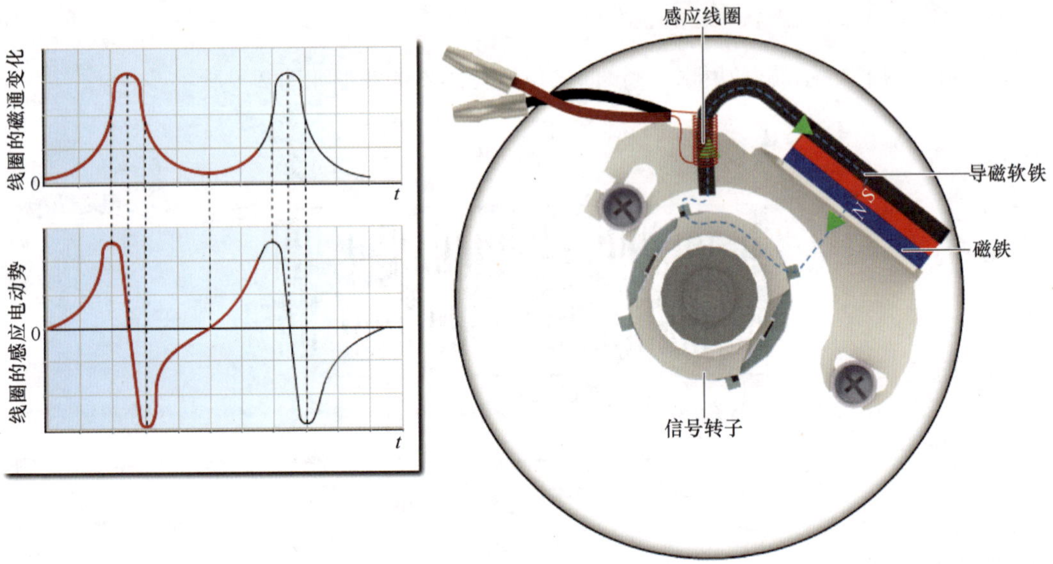

图 2-10　安装在分电器内的磁感应式转速传感器的工作原理

课后测评

一、填空题

1. 曲轴位置传感器的作用是检测发动机____________________的角度，将和曲轴角度一一对应的活塞运行位置信号及时送至____________________，用以控制点火正时和喷油正时。

2. 曲轴位置传感器根据产生信号的原理可分为____________________、____________________和____________________三种。

3. 曲轴位置传感器的安装位置一般位于发动机的前端靠近____________________、____________________和____________________内等。

二、判断题

1. 磁感应式曲轴位置传感器不需 ECU 供给 5V 电源，只要转动传感器信号轮就能产生信号。（　　）

2. 磁感应式曲轴位置传感器需要工作电源才能产生信号。（　　）

3. 曲轴位置传感器与转速传感器一般不是一个。（　　）

4. 曲轴位置传感器的安装位置随着车型的不同，安装位置不完全相同。（　）
5. 磁感应式曲轴位置传感器产生的信号电压幅值不随转速的变化而变化。（　）

三、选择题

1. 电控发动机常用的曲轴位置与转速传感器的类型为____。
   A. 光电效应式　B. 磁感应式　C. 霍尔效应式　D. 磁阻效应式
2. 在检测过程中可以用来测量电阻的传感器是____。
   A. 光电效应式　B. 磁感应式　C. 霍尔效应式　D. 磁阻效应式
3. 丰田卡罗拉轿车发动机用磁感应式曲轴位置传感器线圈阻值为____。
   A. 150 ~ 280Ω　B. 290 ~ 780Ω　C. 1630 ~ 2740Ω　D. 无穷大

四、简答题

1. 简述磁感应式曲轴位置传感器的作用及安装位置。

2. 简述磁感应式曲轴位置传感器的检测步骤。

3. 画出磁感应式曲轴位置传感器与 ECU 的连接电路。

任务二

空气流量传感器的检修

任务目标

1. 掌握空气流量传感器的安装位置、种类和作用。
2. 了解热线式空气流量传感器的基本结构和工作原理。
3. 能排除热线式空气流量传感器的故障。
4. 会分析空气流量传感器的连接电路。

任务引入

有一位丰田卡罗拉轿车车主将车开到维修站反映，发动机运行后发动机故障指示灯常亮、动力性下降、油耗增加，而且有时会自动熄火，需要维修。

任务分析

引起发动机动力性下降、油耗增加的原因既有发动机械故障的原因也有发动机电子控制系统故障的原因，本任务主要分析由于空气流量传感器损坏造成的发动机动力性下降和油耗增加的故障。空气流量传感器是发动机控制系统中最重要的传感器之一，用于测量进入发动机的空气量。该传感器一旦损坏，将严重影响发动机的性能。通过对空气流量传感器结构与工作原理的学习，学生能够掌握空气流量传感器及相关电路的检测方法。

相关知识

一、空气流量传感器的功用

如图 2-11 所示，空气流量传感器（MAF）主要作用是对进入气缸的空气量进行测量，并把空气流量信号转变为电信号输送到 ECU，ECU 根据进气量信号、发动机转速信号即可计算出基本喷油量，以获得与发动机运转工况相适应的最佳浓度的可燃混合气。

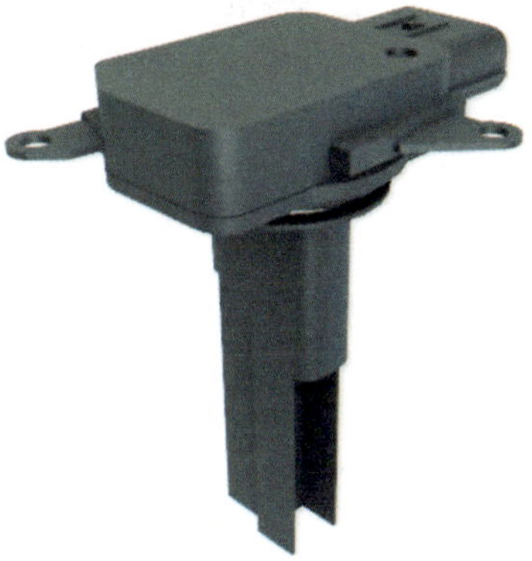
图 2-11　空气流量传感器

二、空气流量传感器的安装位置

如图 2-12 所示，空气流量传感器一般安装在空气滤清器后面，节气门体前面的连接管道上。

图 2-12　空气流量传感器的安装位置

三、空气流量传感器的类型

空气流量传感器按检测进入发动机空气量的方式不同，主要类型有翼片式、卡门旋涡式、热线式和热膜式四种，其中热线式空气流量传感器在现代轿车中得到广泛应用。

四、热线式空气流量传感器的结构

如图 2-13 所示，热线式空气流量传感器主要由铂热丝（也称热线）、温度补偿电阻（也称冷线）、控制电路、插接器针脚和外壳等组成。

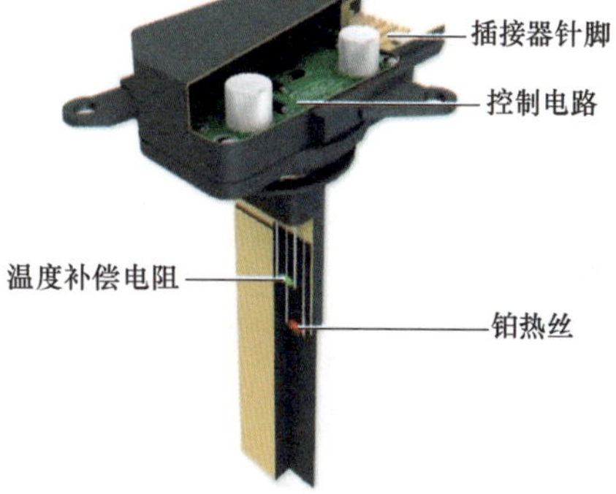

图 2-13　热线式空气流量传感器的结构

五、热线式空气流量传感器的工作原理

“热线”是一根暴露在进气流中的铂热丝。控

制电路将热线加热至某一温度，进气流则对热线有冷却作用，使热线的温度降低。为了保持热线原来的温度，控制电路需要增大加热电流。即进气量越大，热线需要的加热电流就越大。控制电路将加热电流的变化转变为电压的变化，作为进气量信号输出，如图 2-14 所示。

进气温度的变化也会使热线温度发生变化，从而影响进气量的测量精度。为消除这种影响，在热线附近安装一根温度补偿电阻（也称为“冷线”），冷线温度接近进气温度且随进气温度的变化而发生变化。工作时，控制电路使热线温度始终高于冷线温度 100℃，这样冷线温度起到参考作用，使进气温度的变化不会影响到传感器的测量精度。

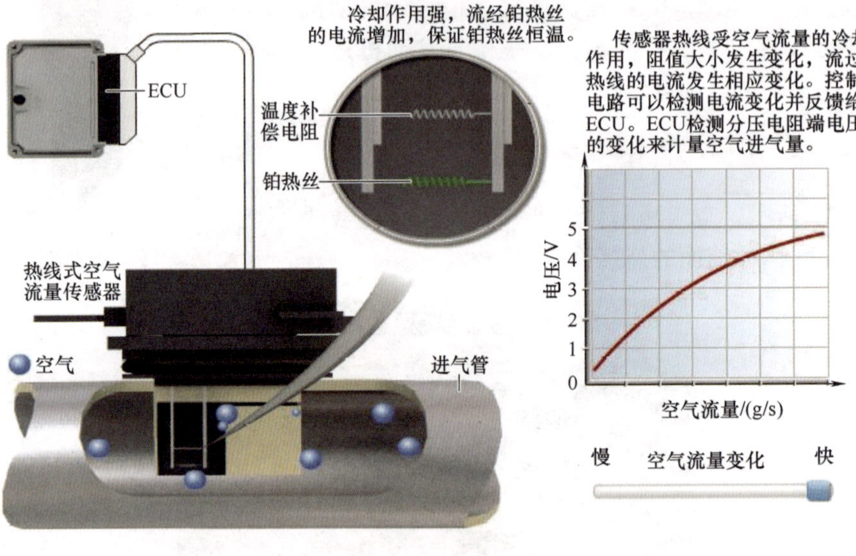

图 2-14　热线式空气流量传感器的工作原理

六、热线式空气流量传感器的连接电路

丰田卡罗拉 1ZR-FE 发动机采用热线式空气流量传感器，其电路如图 2-15 所示。当 EFI MAIN 继电器工作后，向空气流量传感器 +B 端子提供 12V 电源，E2G 端子通过 ECM 后搭铁，VG 端子向 ECM 输送与进气量成正比的电压。

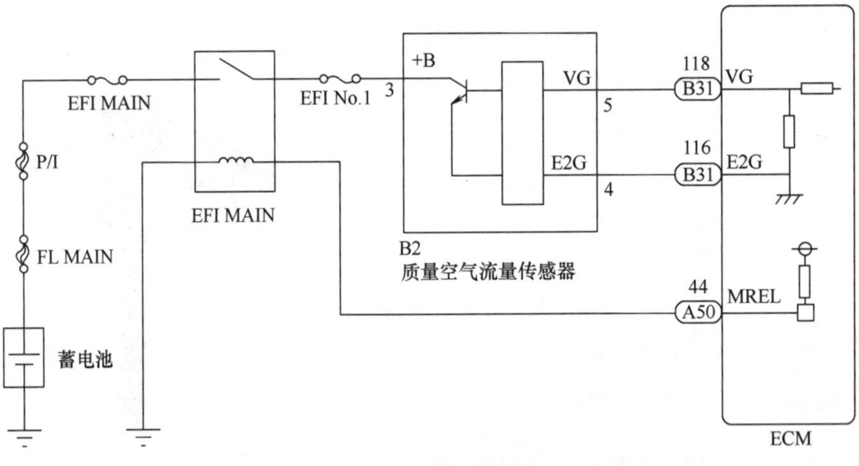

图 2-15　热线式空气流量传感器连接电路

任务实施

根据任务引入所述的故障现象，可以执行如下的检修步骤。

一、使用汽车故障诊断仪读取 ECM 故障码和数据流

1）检查变速器档位是否处于 P 位，驻车制动器是否处于制动状态。

2）打开位于仪表板左下方的车辆诊断接口盖，将汽车故障诊断仪连接到车辆故障诊断接口。

3）起动发动机。

4）打开故障诊断仪，按指示菜单操作，进入发动机系统。

5）选择读取故障码。

查看诊断仪是否显示 P0100（空气流量传感器电路）、P0102（空气流量传感器电路低输入）、P0103（空气流量传感器电路高输入）等与空气流量传感器相关的故障码，如显示相关的故障码，说明空气流量传感器或相关电路可能存在故障，需要执行相关的检查。

6）选择读取数据流。

① 使用智能检测仪读取数值（质量空气流率）。起动发动机，并打开诊断仪；选择以下菜单项：Powertrain /Engine and ECT/DataList/MAF；读取检测仪上的值，如图 2-16 所示。

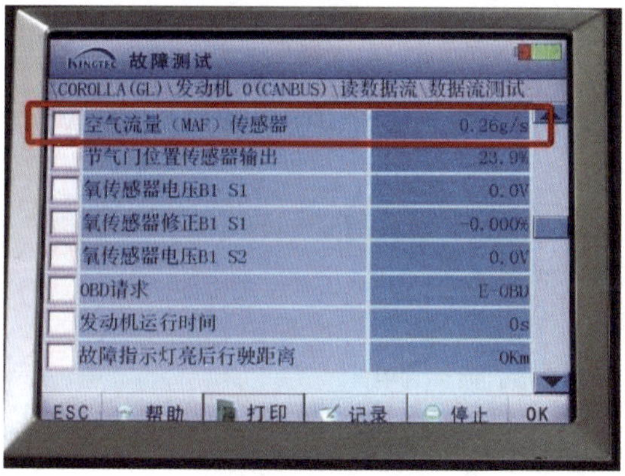

图 2-16　空气流量传感器数据流

② 检测的结果。

【故障 1】诊断仪显示的结果：质量空气流率约 0. 0g/s。

【故障 2】诊断仪显示的结果：质量空气流率约 270. 0g/s 或更高。

二、检测空气流量传感器及相关电路

1. 【故障 1】诊断与排除

（1）检查空气流量传感器电源电压

① 断开空气流量传感器插接器。

② 将点火开关置于 ON 位。

③ 根据表 2-3 中的值测量电压。

表 2-3　标准电压

检测仪连接	开关状态	规定状态
B2-3（+B）—车身搭铁	点火开关置于 ON 位	9～14V

④ 重新连接空气流量传感器插接器。

如果所测电压值不在规定范围内，表示电源电压异常，需要检查 EFINo. 1 熔丝。如果熔丝正常，则需维修或更换线束插接器。如果所测电压在规定范围内，则继续检测空气流量传感器 VG 电压。

（2）检查空气流量传感器 VG 电压

① 断开空气流量传感器插接器。

② 向端子 +B 和 E2G 之间施加蓄电池电压。

③ 将万用表正极探针连接至端子 VG，万用表负极探针连接至端子 E2G，如图 2-17 所示。

④ 根据表 2-4 中的值测量电压。

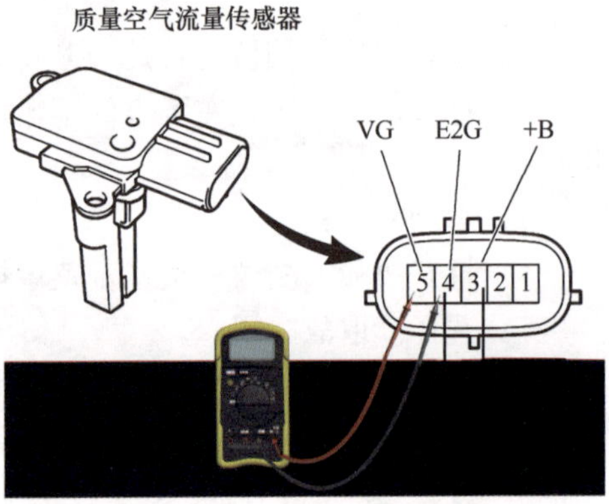

图 2-17　空气流量传感器的测量

表 2-4　标准电压

检测仪连接	条　件	规定状态
5（VG）—4（E2G）	向端子 +B 和 E2G 之间施加蓄电池电压	0.2～4.9V

如果检测结果不符合规定，则更换空气流量传感器，如果结果正常，检查线束和插接器（空气流量传感器—ECM）。

（3）检查线束和插接器（空气流量传感器—ECM）

① 断开空气流量传感器插接器。

② 断开 ECM 插接器。

③ 根据表 2-5 和表 2-6 中的值测量电阻。

表 2-5　标准电阻（断路检查）

检测仪连接	条　件	规定状态
B2-5（VG）—B31-118（VG）	始终	小于 1Ω
B2-4（E2G）—B31-118（E2G）	始终	小于 1Ω

表 2-6　标准电阻（短路检查）

检测仪连接	条　件	规定状态
B2-5（VG）或 B31-118（VG）—车身搭铁	始终	10kΩ 或更大

2. 【故障 2】诊断与排除

（1）检查线束和插接器（传感器搭铁）

① 断开空气流量传感器插接器。

② 根据表 2-7 中的值测量电阻。

表 2-7　标准电阻

检测仪连接	条　件	规定状态
B2-4（E2G)—车身搭铁	始终	小于 1Ω

如果测量结果在规定范围内，则更换空气流量传感器。如果测量结果不符合规定，检查线束和插接器（空气流量传感器—ECM)。

(2）检查线束和插接器（空气流量传感器—ECM)

① 断开空气流量传感器。

② 断开 ECM 插接器。

③ 根据表 2-8 和表 2-9 中的值测量电阻。

表 2-8　标准电阻（断路检查）

检测仪连接	条　件	规定状态
B2-4（E2G)—B31-116（E2G)	始终	小于 1Ω

表 2-9　标准电阻（短路检查）

检测仪连接	条　件	规定状态
B2-4（E2G）或 B31-116（E2G)—车身搭铁	始终	10kΩ 或更大

如果测量结果在规定范围内，则更换 ECM；如果测量结果不符合规定，则维修或更换线束或插接器（质量空气流量传感器- ECM)。

三、更换空气流量传感器

1. 拆卸空气流量传感器

1）按下插接器锁舌，分离空气流量传感器插接器。

2）选用十字螺钉旋具，拆卸空气流量传感器固定螺栓，如图 2-18 所示。

图 2-18　拆卸空气流量传感器

3）取下空气流量传感器，用干净的布或胶带盖住安装孔，防止异物进入进气管。

2. 检测新空气流量传感器

目视检测空气流量传感器的外观是否完好、O 形圈是否完好、铂热丝上是否有异物等。

3. 安装空气流量传感器

1）按拆卸相反顺序安装空气流量传感器。

2）按照检查顺序，再次用故障诊断仪进行检查，确认空气流量传感器故障码是否消失和空气流量传感器数据流是否正常。

知识拓展

一、热膜式空气流量传感器

1. 结构

热膜式空气流量传感器主要由热膜、控制电路、插接器针脚和外壳等组成，如图 2-19 所示。

与热线式空气流量传感器相比，只是将发热体由热线改为热膜。热膜是由发热金属铂固定在薄树脂膜上构成的。该结构由于发热体不直接承受空气流动所产生的作用力，从而提高了空气流量传感器的可靠性。

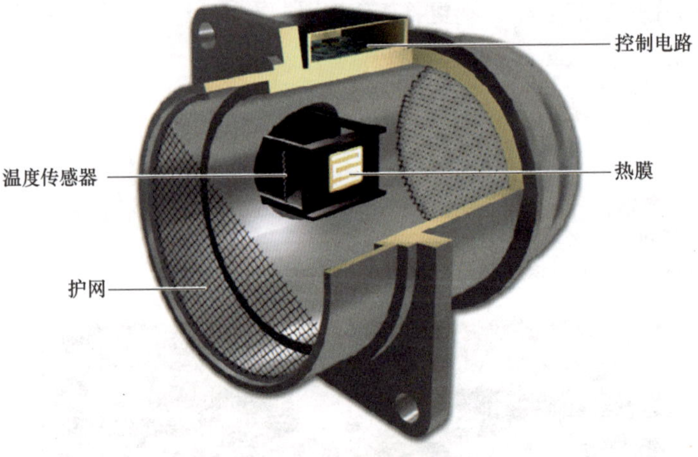

图 2-19 热膜式空气流量传感器的结构

2. 工作原理

热膜式空气流量传感器内部的控制电路将热膜加热至某一温度，进气流则对热膜有冷却作用，使热膜的温度降低。为了保持热膜原来的温度，控制电路需要增大加热电流。即进气量越大，热线需要的加热电流就越大。控制电路将加热电流的变化转变为电压的变化，作为进气量信号输出，其工作原理和输出信号如图 2-20 所示。

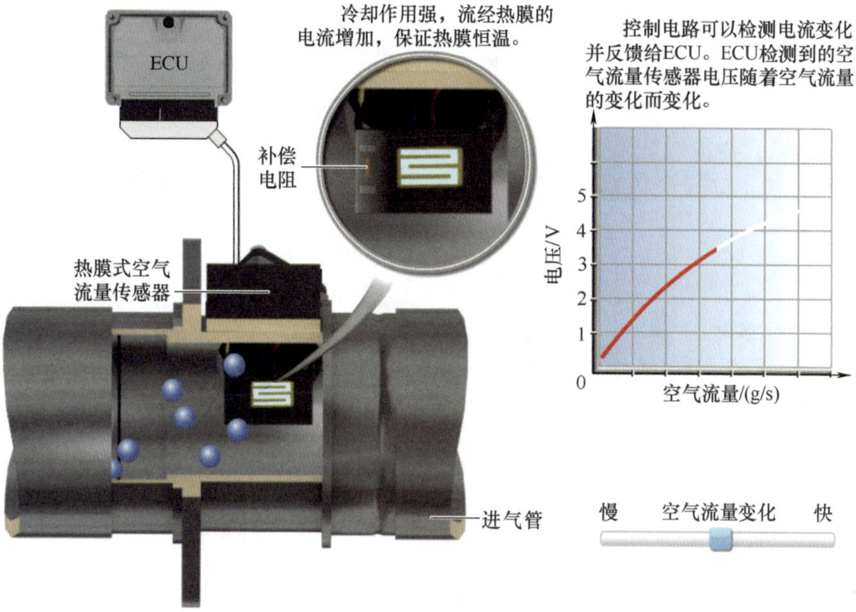

图 2-20　热膜式空气流量传感器的工作原理

二、 卡门旋涡式空气流量传感器

1. 卡门旋涡现象

当野外架空的电线被风吹时，就会发出“嗡、嗡”的响声，风速越高，声音的频率越高，这是为什么呢？——这是由于气流流过电线后形成旋涡所致。实际上，液体、气体等流体均会发生这种现象。

在流体中放置一个柱状物体（称为涡流发生器）后，在其下游流体中就会形成两列平行状旋涡，并且左右交替出现，如图 2-21 所示，该旋涡出现的频率与液体的流速成正比，即流体的流速越大，旋涡出现的频率也越高。这种现象首先被卡门发现，因此称为卡门旋涡现象。

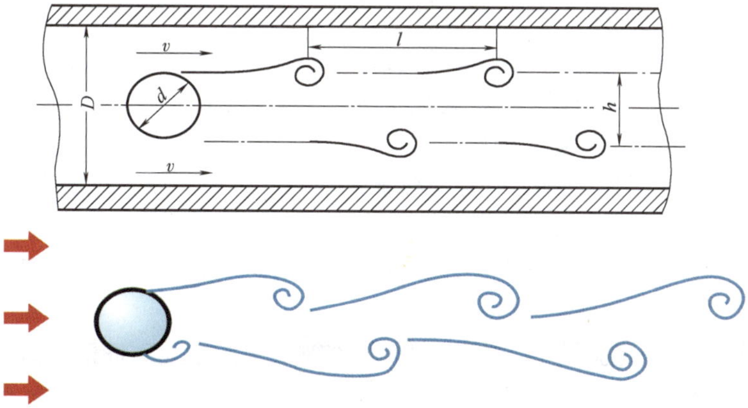

图 2-21　卡门旋涡的产生原理

2. 结构与工作原理

根据卡门旋涡现象，只要能够测量出旋涡发生器后旋涡出现的频率，就可以测量出流体的流速与流量。卡门旋涡式空气流量传感器就是根据这一原理制成的，传感器中央设有一个锥状体作为涡流发生器，涡流发生器前面设有蜂窝状整流器，以消除气流中的干扰涡流。根据旋涡频率的检测方式不同，该传感器又可分为光电检测式和超声波检测式两种，如图 2-22 和图 2-23 所示。

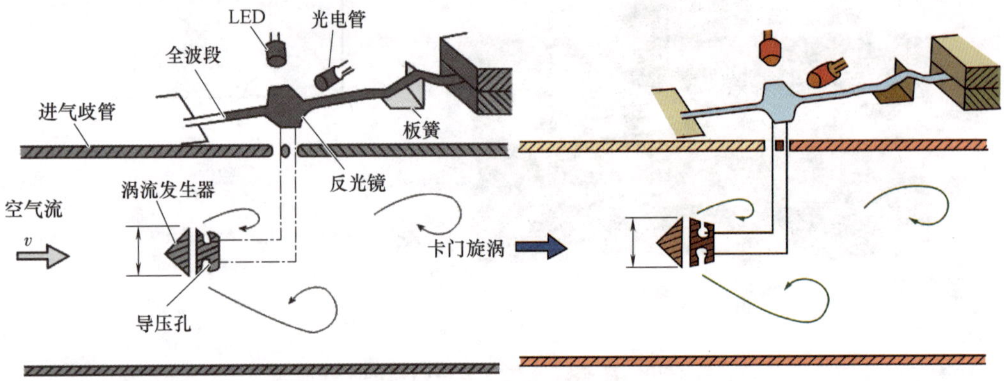

图 2-22　光电检测式

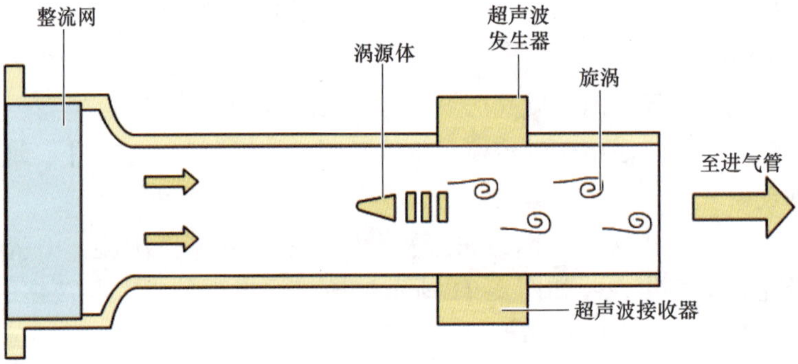

图 2-23　超声波检测式

光电检测方式如图 2-24 所示，涡流发生器两侧的压力变化通过导压孔引向薄金属制成的反光镜背面，使反光镜产生振动。反光镜振动时，将发光管投射的光发射给光电管，光电管通过对反光信号的检测，即可求得旋涡的频率。

超声波检测方式如图 2-25 所示，在空气流动的垂直方向安装超声波发生器，在其对面安装超声波接收器。由超声波发生器发出的超声波因受到卡门旋涡的影响，到达超声波接收器时发生了相位上的变化，放大电路将该相位变化转化为方波信号，其频率即为卡门旋涡产生的频率。

两种卡门旋涡式空气流量传感器输出的均为方波频率信号（脉冲信号），频率的大小就代表了空气流量的大小。

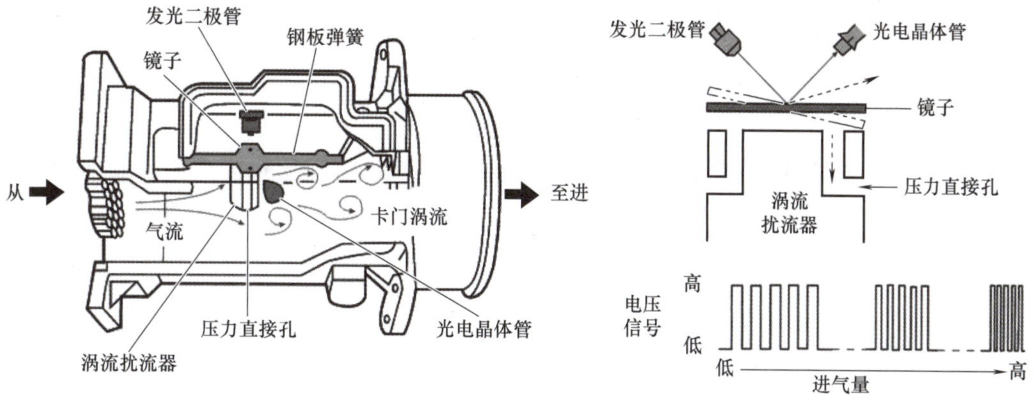

◣ 图 2-24　旋涡的光电检测原理

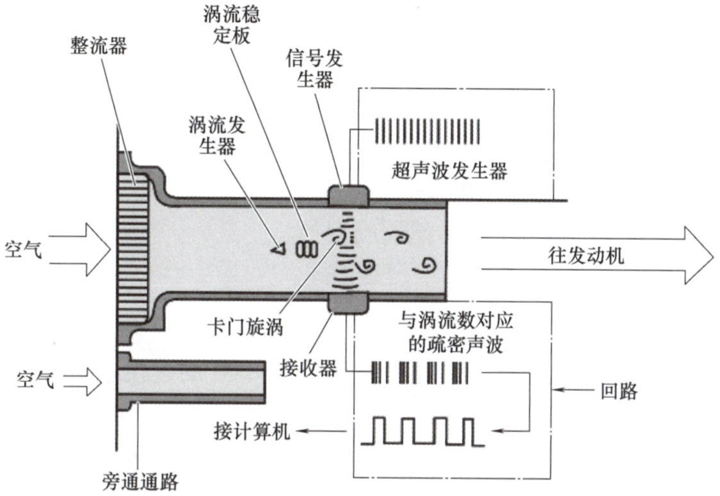

◣ 图 2-25　旋涡的超声波检测原理

课后测评

一、填空题

1. 空气流量传感器一般安装在____________________后面，____________________前面的连接管道上。

2. 空气流量传感器的主要作用______________________________，并把空气流量信号转变为电信号输送到____________________。

3. 空气流量传感器分为____________________、____________________、____________________和____________________四种类型。

二、判断题

1. 热线式空气流量传感器输出的是模拟电压信号。（　　）

2. 热线式空气流量传感器工作时需要工作电源。 ( )

3. 空气流量传感器往往与进气温度传感器制为一体。 ( )

4. 空气流量传感器与节气门体连接胶管不密封，对空气流量传感器检测的进气量没有影响。 ( )

5. 热线式（热膜式）空气流量传感器计量方式主要以空气质量为主，一般不受进气温度的影响。 ( )

6. 热线式空气流量传感器长期使用后，会在热线上积累胶质积炭，对测量精度会产生影响。 ( )

7. 空气流量传感器能够检测每个单位时间内的吸入空气量，但是不能检测每个工作循环内的吸入空气量。 ( )

三、选择题

1. 空气流量传感器安装在空气滤清器和节气门之间，用来测量____的多少。

A. 发动机进气量　　B. 发动机进油量　　C. 发动机排气量

2. 属于质量流量型的空气流量传感器是____。

A. 叶片式　　B. 热线式　　C. 卡门旋涡式

3. 热线式空气流量传感器输出信号电压值随进气量的增加而____。

A. 增大　　B. 减小　　C. 不变

4. 现代轿车广泛应用的空气流量传感器类型是____。

A. 翼片式　　B. 卡门旋涡式　　C. 热线式

四、简答题

1. 画出丰田卡罗拉车型空气流量传感器电源及与 ECU 的连接电路图。

2. 简述丰田卡罗拉车型空气流量传感器的检查步骤。

任务三

进气压力传感器的检修

任务目标

1. 掌握进气压力传感器的安装位置、种类和作用。
2. 了解进气压力传感器的基本结构和工作原理。
3. 会分析和测量进气压力传感器的连接电路。
4. 能排除进气压力传感器的故障。

任务引入

有一位通用雪佛兰轿车车主将车开到维修站反映，发动机运行后发动机故障指示灯常亮、发动机动力性下降、油耗增加，需要维修。

任务分析

引起发动机动力性下降、油耗增加的原因既有发动机械故障的原因也有发动机电子控制系统故障的原因，本任务主要分析由于进气压力传感器损坏造成的发动机动力性下降和油耗增加的故障。进气压力传感器在D型燃油喷射控制系统中是最重要的传感器之一，用于测量发动机进气总管内的压力，ECM从而间接推算出发动机的进气量。该传感器一旦损坏，将严重影响发动机的性能。通过本任务对进气压力传感器结构与工作原理的学习，学生能够掌握进气压力传感器及相关电路的检测方法。

相关知识

一、进气压力传感器的功用

如图 2-26 所示，进气压力传感器（MAP 传感器）用于测量进气总管内气体的绝对压力，并将进气压力转换成电信号输送给 ECM，ECM 根据进气管内的绝对压力和发动机转速推算出发动机的进气量，再根据进气量和发动机转速确定基本喷油量。进气压力信号是燃油喷射和点火控制的主控信号之一。

图 2-26　进气压力传感器

二、进气压力传感器的安装位置

如图 2-27 所示，进气压力传感器一般安装在节气门后方的进气总管上。有部分车型将进气压力传感器安装在进气管的旁边，然后再通过一条真空管与进气总管相连。

图 2-27　进气压力传感器的安装位置

三、进气压力传感器的类型

进气压力传感器的种类较多，按其检测原理可分为压敏电阻式、电容式、膜盒式和表面弹性波式等，在 D 型电控燃油喷射系统中应用最多的是压敏电阻式。

四、进气压力传感器的结构

如图 2-28 所示，压敏电阻式进气压力传感器主要由真空室、集成电路、插接器和壳体等组成。

五、进气压力传感器的工作原理

压敏电阻式进气压力传感器的工作原理如图 2-29 所示，在传感器的真空室内有一个硅膜片，硅膜片上有 4 个压敏电阻，硅膜片的一侧通过真空管与进气总管相通，另一侧通真空室，当进气总管内的压力变化时，会造成硅膜片变形（图 2-30），从而使硅膜片上的压敏电阻形状发生变化，压敏电阻的电阻值也会根据变形程度而变化。此电阻值变动经集成电路变换后所得的电压信号就是进气歧管压力信号。一般当进气管内的压力越小时，输出的信号电压也越小，反之，信号电压越大。

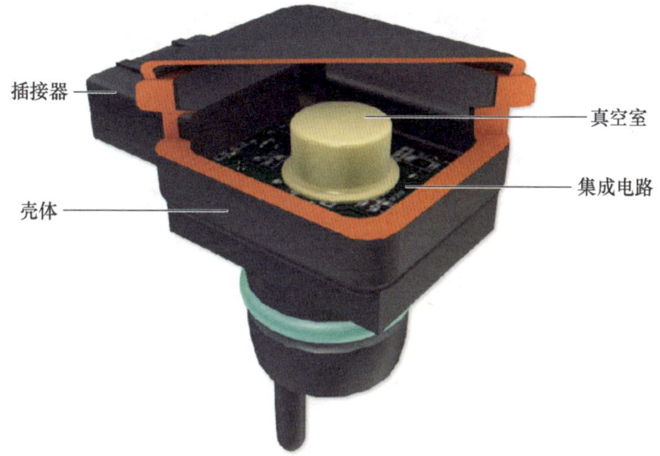

图 2-28　压敏电阻式进气压力传感器结构

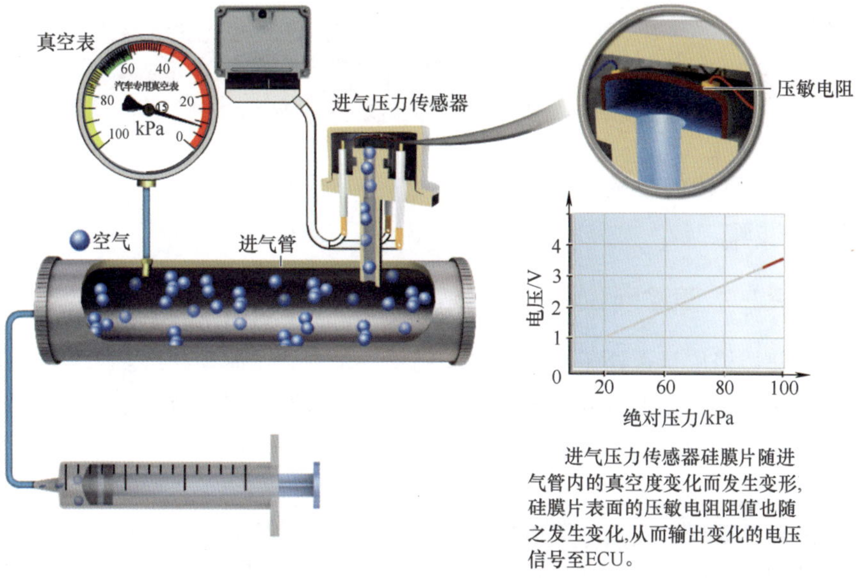

图 2-29　压敏电阻式进气压力传感器的工作原理（一）

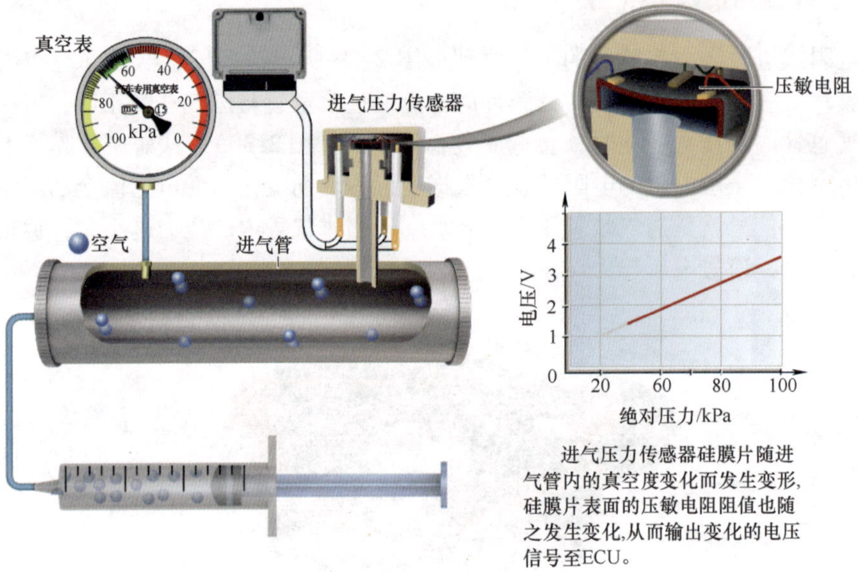

▶ 图 2-30　压敏电阻式进气压力传感器的工作原理（二）

六、进气压力传感器的连接电路

进气压力传感器的连接电路如图 2-31 所示。ECU 通过 V_C 端子向进气压力传感器提供 5V 的电源，E2 端子通过 ECU 后搭铁，PIM 端子向 ECU 提供随进气压力变化而变化的信号电压。

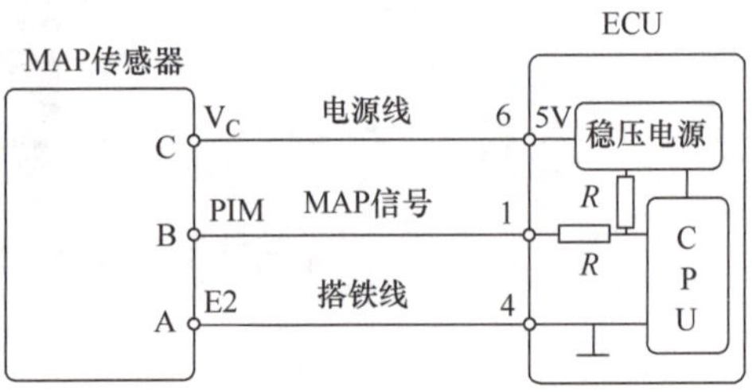

▶ 图 2-31　进气压力传感器的连接电路

任务实施

根据任务引入所述的故障现象，可以执行如下的检修步骤。

一、使用汽车故障诊断仪读取 ECU 故障码

1）检查变速器档位是否处于 P 位，驻车制动器是否处于制动状态。

2）打开位于仪表板左下方的车辆诊断接口盖，将汽车故障诊断仪连接到车辆故障诊断接口。

3）起动发动机。

4）打开故障诊断仪，按指示菜单操作，进入发动机系统。

5）选择读取故障码。

查看诊断仪是否显示 P0107 或 P0108 等与进气压力传感器相关的故障码，如显示相关的故障码，说明进气压力传感器或相关电路可能存在故障。

6）选择读取数据流。

起动发动机，并打开诊断仪；读取诊断仪上进气压力的数值，此数值应能随节气门开度和发动机转速的变化而变化，否则说明存在故障，应执行相关检查。

二、检查进气压力传感器

1. 进气压力传感器外观的检查

检查进气压力传感器外观是否变形或裂纹；安装是否牢固等。如存在变形或裂纹，则需更换；如安装松动，则重新牢固安装。

2. 检查真空软管连接情况

检查进气压力传感器的真空软管与进气总管的连接情况。如果有不良或漏气，则需更换真空软管。

三、检查进气压力传感器相关电路

1）断开进气压力传感器插接器。

2）将点火开关置于 ON 位。

3）根据表 2-10 中的值测量电压。

表 2-10　标准电压

检测仪连接	开关状态	规定状态
MAP-C（VC）—车身搭铁	点火开关置于 ON 位	4.5～5.0V

4）根据表 2-11 中的值测量电阻。

表 2-11　标准电阻

检测仪连接	开关状态	规定状态
MAP-A（E2）—车身搭铁	点火开关置于 OFF 位	小于 1Ω

5）检查线束（进气压力传感器—ECU）

① 将点火开关置于 OFF 位，拆下蓄电池负极端头。

② 断开 ECU 插接器。

③ 根据表 2-12 和表 2-13 中的值测量电阻。

表 2-12　标准电阻（断路检查）

检测仪连接	条　件	规定状态
MAP-B—ECU-1（PIM）	始终	小于 1Ω

表 2-13　标准电阻（短路检查）

检测仪连接	条　件	规定状态
MAP-B 或 ECU-1（PIM）—车身搭铁	始终	10kΩ 或更大

④ 重新连接进气压力传感器插接器。

⑤ 重新连接 ECU 插接器，并安装好蓄电池负极端头。

6）测试传感器信号电压。用 T 形线或大头针等引出信号线，接通点火开关，用万用表测 MAP 端子“B”—车身搭铁之间的电压，应为 4.0～5.0V。

起动发动机并怠速运转，信号电压应下降到 1.5～2.1V；拔下真空管或取下进气压力传感器，信号电压应立即上升到 4.0～5.0V。

连接好真空管或安装好进气压力传感器，增大节气门开度，信号电压应逐渐升高。

如不符合以上要求，则更换进气压力传感器；如以上测试都正常，则需更换 ECU。

知识拓展

电容式进气绝对压力传感器

电容式进气绝对压力传感器主要是利用电容效应测量进气歧管的绝对压力，其结构与原理如图 2-32 所示。

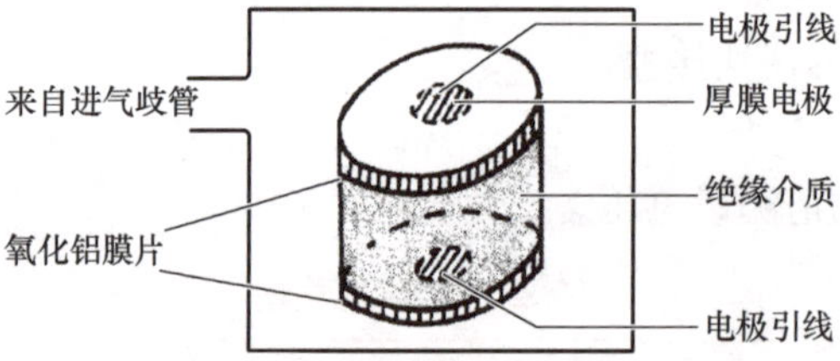

图 2-32 电容式进气绝对压力传感器结构示意图

压力转换元件由可产生电容效应的厚膜电极构成，电极被附在氧化铝膜片上。当进气歧管绝对压力变化时，可使氧化铝膜片产生变形，导致传感器电极的电容产生相应变化，引起与其相关的振荡电路的振荡频率发生相应变化。ECU 则根据传感器输出信号的频率便可感知进气歧管的绝对压力。其信号频率和进气歧管绝对压力值成正比，该频率变化范围约为 80～120Hz。

课后测评

一、填空题

1. 进气压力传感器一般安装在________________________。

2. 进气压力传感器的作用是测量________________，并将进气压力转换成电信号输送给________________，ECU 根据进气管内的绝对压力和发动机转速推算出发动机的进气量。

3. 进气压力传感器的种类较多，按其检测原理可分为__________、__________、膜盒式和表面弹性波式等。

二、判断题

1. 进气压力传感器与空气流量传感器的作用是相同的，所以在车上，一般这两种传感器只装一种。 （ ）

2. 在测量进气管绝对压力传感器时，传感器输出的电压信号随真空度增加而下降。（　　）

3. 进气压力传感器也可能安装在进气歧管上。（　　）

4. 进气压力传感器工作时需要工作电源。（　　）

三、选择题

1. 进气压力传感器的种类较多，但在 D 型电控燃油喷射系统中应用最多的是____。

A. 压敏电阻式　　B. 电容式　　C. 膜盒式　　D. 表面弹性波式

2. 半导体压敏电阻式进气歧管绝对压力传感器输出的信号电压具有随____的增大呈线性增大的特性。

A. 进气歧管绝对压力　　B. 大气压力　　C. 发动机负荷

四、简答题

1. 画出进气压力传感器与 ECU 的连接电路。

2. 简述进气压力传感器的检修步骤。

任务四

凸轮轴位置传感器的检修

任务目标

1. 掌握凸轮轴位置传感器的安装位置、种类和作用。
2. 了解霍尔效应式凸轮轴位置传感器的工作原理。
3. 能规范地检查霍尔效应式凸轮轴位置传感器。
4. 会分析和测量凸轮轴位置传感器连接电路。

任务引入

有一位丰田卡罗拉轿车车主将车开到维修站反应，起动发动机时，起动机带动发动机正常运转，但需要起动多次发动机才能着车，且起动后发动机故障指示灯常亮，需要维修。

任务分析

引起发动机起动困难的原因有很多，如：点火系统故障、燃油供给系统故障、发动机机械故障或发动机控制系统故障等。本任务主要分析由于凸轮轴位置传感器故障造成发动机起动困难。凸轮轴位置传感器是发动机电控系统中最重要的传感器之一，也是点火系统和燃油喷射系统共用的传感器。通过对本任务凸轮轴位置传感器结构与工作原理的学习，学生能够掌握凸轮轴位置传感器及相关电路的检测方法。

相关知识

一、凸轮轴位置传感器的功用

凸轮轴位置传感器又称为判缸传感器，由于通过曲轴位置传感器只能识别一缸上止点，所以需要凸轮轴位置传感器采集配气机构中凸轮轴的位置信号并输入到 ECU，以便 ECU 识别一缸压缩上止点位置，从而精确地对喷油顺序、点火正时和燃烧爆燃进行控制。此外，凸轮轴位置信号还用于发动机刚起动时识别出第一次点火时刻。

二、凸轮轴位置传感器的类型

凸轮轴位置传感器根据产生信号的原理可分为磁感应式、霍尔式和光电式三种。一般采用霍尔式较多（图 2-33）。

图 2-33　霍尔式凸轮轴位置传感器

三、凸轮轴位置传感器的安装位置

凸轮轴位置传感器的安装位置随着车型的变化，安装位置也不完全相同，但一般安装在凸轮轴的前端或后端的壳体上（图 2-34）。如丰田卡罗拉 1ZR 发动机由于采用双凸轮轴，且采用可变配气相位系统，所以安装有两个凸轮轴位置传感器：即进气侧凸轮轴位置传感器和排气侧凸轮轴位置传感器。

图 2-34　凸轮轴位置传感器的安装位置图

四、霍尔式凸轮轴位置传感器的结构

霍尔式凸轮轴位置传感器内部主要由霍尔芯片（IC）、插接器针脚和壳体等组成，如图 2-35 所示。

五、霍尔式凸轮轴位置传感器的工作原理

霍尔效应原理：当电流 I 通过放在磁场中的霍尔半导体基片，且电流方向与磁场方向垂直时，在垂直于电流和磁场的霍尔半导体基片的侧面上，便可产生一个与电流大小和磁场强度成正比的霍尔电压。由于该现象是由美国物理学家爱德华·霍尔于1897年首先发现的，因此以其名字来命名现象，用于产生霍尔效应的半导体元件也被称为霍尔元件。

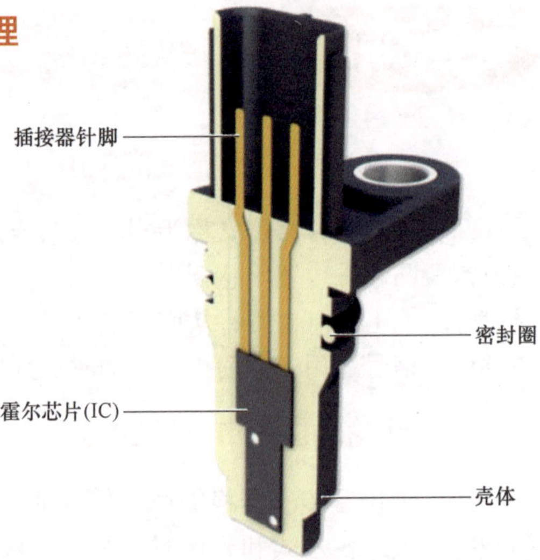

图 2-35　霍尔式凸轮轴位置传感器的结构图

图2-36为安装在分电器内的霍尔式凸轮轴位置传感器的工作原理图，它有一个随分电器轴旋转的叶片，叶片上开有与气缸数相等的缺口，当叶片的缺口对着霍尔元件时，永久磁铁所产生的磁场垂直通过通电的霍尔元件，于是产生霍尔电压；当叶片旋转进入霍尔元件和磁铁之间时，由于磁场被阻隔，霍尔元件上没有磁场通过，所以不产生霍尔电压。当缺口对着霍尔元件时产生的霍尔电压，再经过信号处理后以整齐的矩形脉冲信号输出。

六、霍尔式凸轮轴位置传感器的连接电路

霍尔式凸轮轴位置传感器的连接电路如图2-37所示。ECM通过VVI+端子为凸轮轴位置传感器提供5V的电源，VVI-端子通过ECM后搭铁，当发动机运转时VC端子向ECM输送矩形脉冲信号。

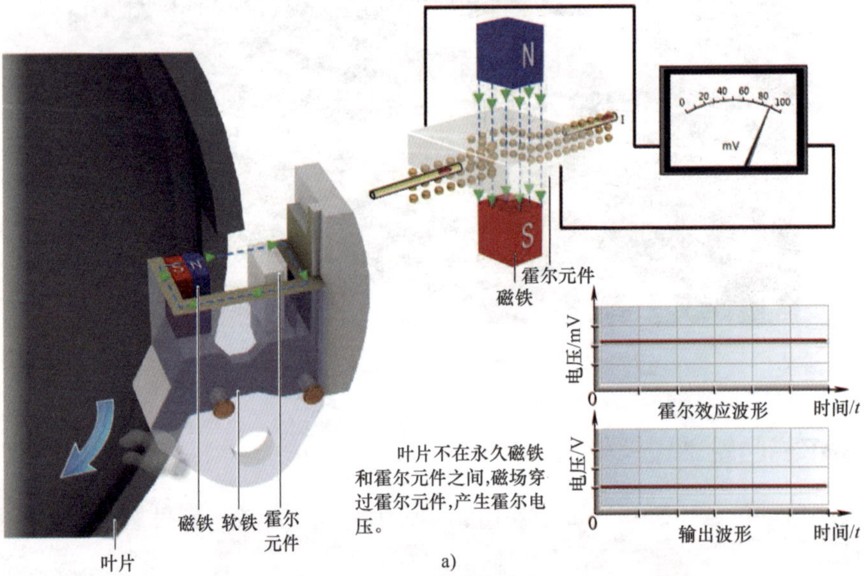

图 2-36　霍尔式凸轮轴位置传感器的工作原理图

a）叶片的缺口对着霍尔元件时

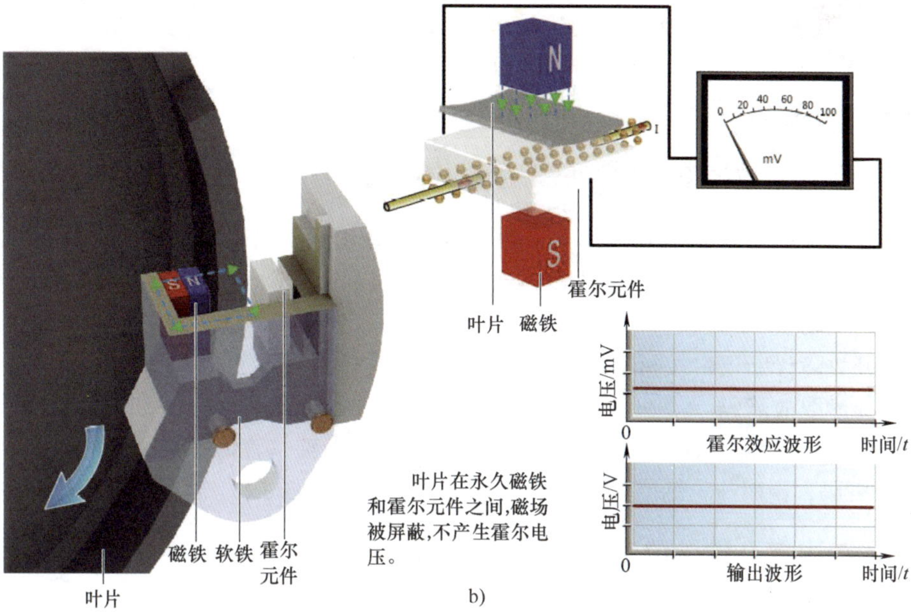

▶ 图 2-36　霍尔式凸轮轴位置传感器的工作原理图（续）

b）叶片旋转进入霍尔元件和磁铁之间

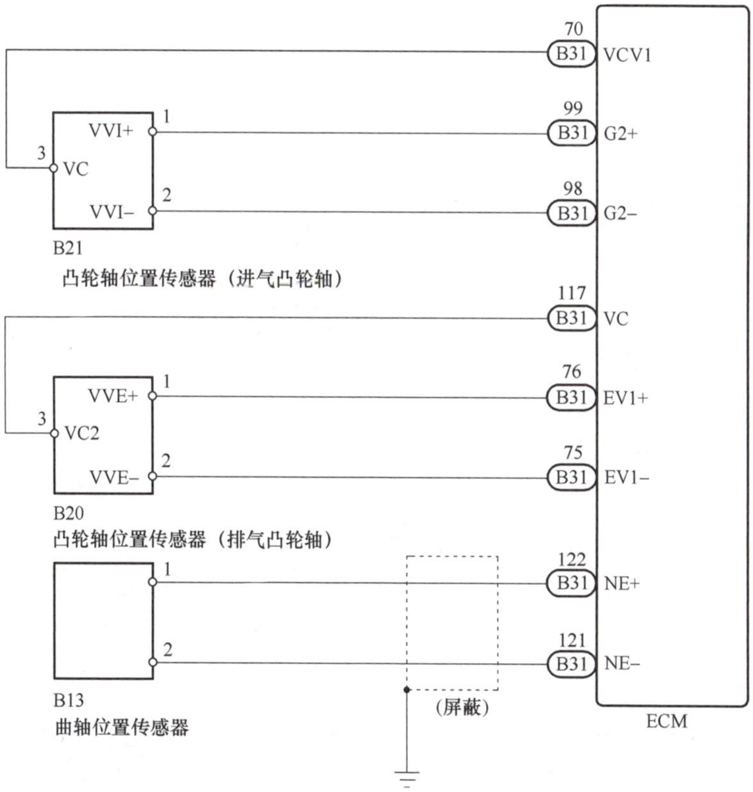

▶ 图 2-37　霍尔式凸轮轴位置传感器的连接电路

任务实施

根据任务引入所述的故障现象，可以执行如下的检修步骤。

一、使用汽车故障诊断仪读取 ECU 故障码

1）检查变速器是否处于 P 位，驻车制动器是否处于制动状态。

2）打开位于仪表板左下方的车辆诊断接口盖，将汽车故障诊断仪连接到车辆故障诊断接口。

3）起动发动机。

4）打开故障诊断仪，按指示菜单操作，进入发动机系统。

5）选择读取故障码。

查看诊断仪是否显示 P0340、P0342 或 P0343 等与凸轮轴位置传感器相关的故障码，如显示相关的故障码，说明凸轮轴位置传感器或相关电路可能存在故障，需要执行相关的检查。

二、检查进气凸轮轴位置传感器及相关电路

1）断开凸轮轴位置传感器插接器。

2）将点火开关置于 ON 位。

3）根据表 2-14 中的值测量电压。

表 2-14　标准电压

检测仪连接	开关状态	规定状态
B21-3（VC）—车身搭铁	点火开关置于 ON 位	4.5 ~ 5.0 V

4）重新连接凸轮轴位置传感器插接器。

如果所测电压值正常，则进行步骤 5，检查线束和插接器（进气凸轮轴位置传感器—ECM）；否则检查 VC 以及与搭铁之间的通断情况。

5）检查线束和插接器（进气凸轮轴位置传感器—ECM）。

① 断开凸轮轴位置传感器插接器。

② 断开 ECM 插接器。

③ 根据表 2-15 和表 2-16 中的值测量电阻。

表 2-15　标准电阻（断路检查）

检测仪连接	条　件	规定状态
B21-1（VVI +）—B31-99（G2 +）	始终	小于 1Ω
B21-2（VVI −）—B31-98（G2 −）	始终	小于 1Ω

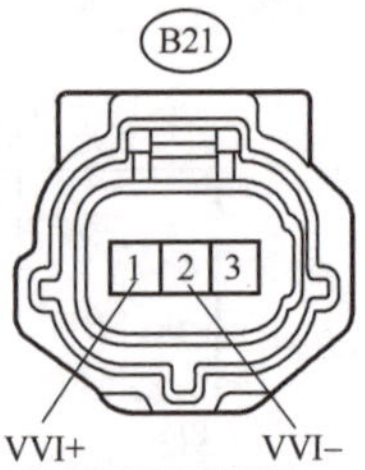

线束插接器前视图:
(至ECM)

表 2-16　标准电阻（短路检查）

检测仪连接	条　件	规定状态
B21-1（VVI+）或 B31-99（G2+）—车身搭铁	始终	10kΩ 或更大
B21-1（VVI-）或 B31-98（G2-）—车身搭铁	始终	10kΩ 或更大

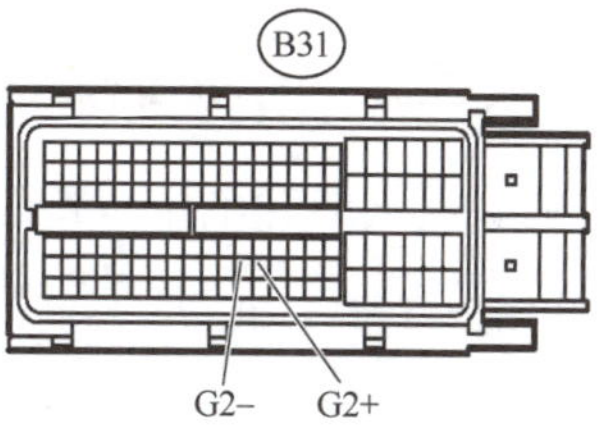

④ 重新连接凸轮轴位置传感器插接器。

⑤ 重新连接 ECM 插接器。如果所测阻值正常，则进行步骤 6）检查传感器安装情况；否则更换线束或插接器（进气凸轮轴位置传感器—ECM）。

6）检查传感器的安装情况（进气凸轮轴位置传感器）。

检查凸轮轴位置传感器的安装情况，如图 2-38 所示。

如果传感器安装正确，则检查进气凸轮轴齿，凸轮轴齿应无任何裂纹或变形。如果凸轮轴齿正常，则更换进气凸轮轴位置传感器；否则更换凸轮轴；如果安装异常，则需要重新牢固地安装进气凸轮轴位置传感器。

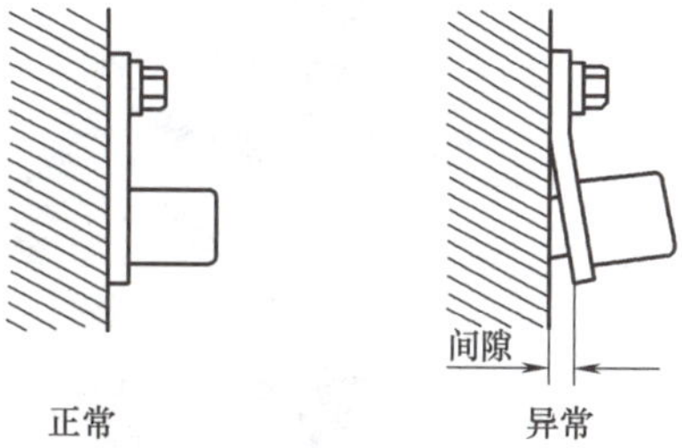

图 2-38　凸轮轴位置传感器的安装图

三、拆卸凸轮轴位置传感器

1）拆卸发动机盖罩。

2）断开进气凸轮轴位置传感器线束插接器。按压凸轮轴位置传感器插接器锁扣，待确认锁止装置完全脱离后，断开进气凸轮轴位置传感器线束插接器，如图 2-39 所示。

图 2-39　凸轮轴位置传感器插接器的拆卸

3）拆卸进气凸轮轴位置传感器的固定螺栓。选用 10mm 套筒、棘轮扳手拆卸进气凸轮轴位置传感器固定螺栓，并用手取下螺栓。

4）握住凸轮轴位置传感器，并拔出。如凸轮轴位置传感器拔不出，切勿硬拔，应先左右旋动凸轮轴位置传感器，使传感器的密封圈与缸盖的安装孔松动，然后再垂直拔出凸轮轴位置传感器。

四、安装新的凸轮轴位置传感器

1）确认进气凸轮轴位置传感器零件号。

2）检查新的进气凸轮轴位置传感器外观。

① 检查新的进气凸轮轴位置传感器外观是否完好。

② 安装平面是否正常，针脚是否有弯曲或腐蚀。

③ 检查新的凸轮轴位置传感器密封圈是否完好。

3）安装进气凸轮轴位置传感器。

① 将凸轮轴位置传感器垂直放入安装孔内，如图 2-40 所示。

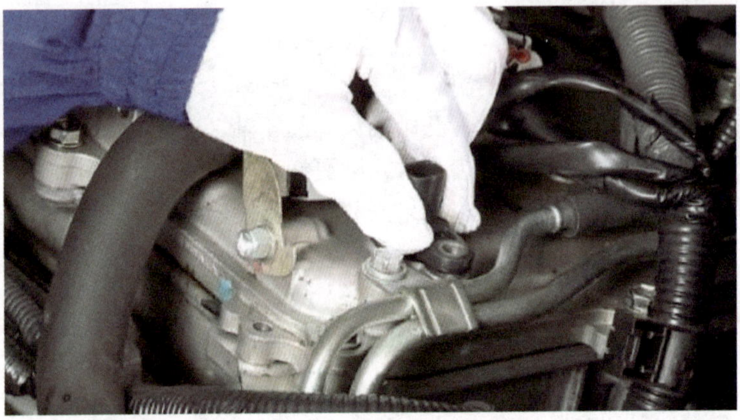

图 2-40　凸轮轴位置传感器的安装

② 用手将进气凸轮轴位置传感器固定螺栓旋入螺纹处。

③ 选用 10mm 套筒、扭力扳手将进气凸轮轴位置传感器固定螺栓安装至规定转矩：10N · m。

4）连接凸轮轴位置传感器插接器。

五、再次读取故障码

如果故障码仍然存在，则更换 ECM。

六、检测凸轮轴位置传感器的波形

用故障诊断仪的示波器功能，测试霍尔式凸轮轴位置传感器的正确波形如图 2-41 所示。

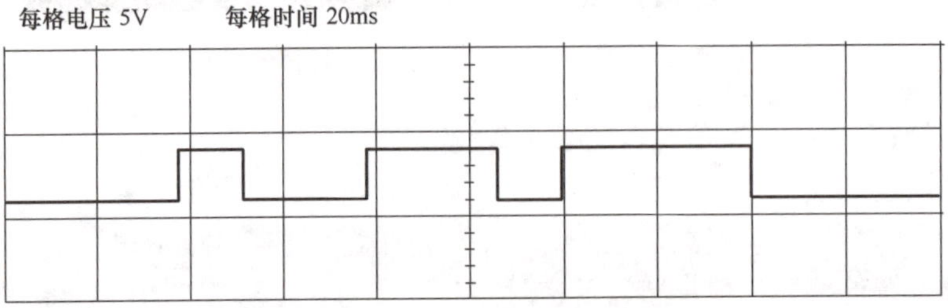

图 2-41　霍尔式凸轮轴位置传感器的波形

知识拓展

光电效应式位置传感器

1. 光电效应原理

光电效应：半导体光敏元件（一般为光敏二极管或光敏晶体管）受到光线照射时，其工作状态会发生变化，这种变化包括：电阻变化（光电阻）、导通状态变化（光开关）、产生电压（光电池）等。

利用光敏效应原理制成的传感器如图 2-42 所示，主要由带缺口的信号盘、发光元件（一般为发光二极管 LED）、光敏元件以及集成电路等组成。

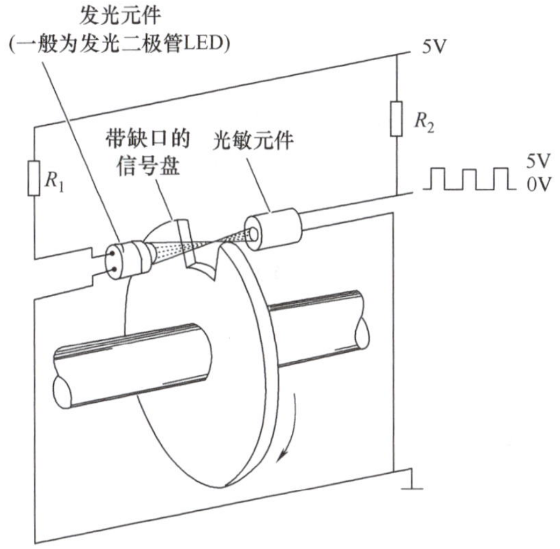

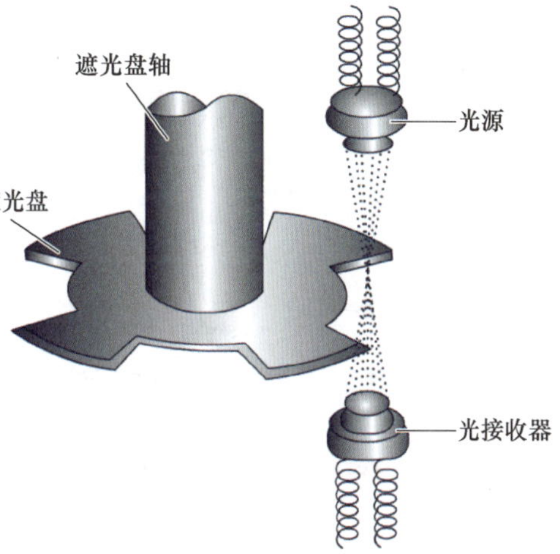

图 2-42　光电效应原理

发光元件发出的光线射向光敏元件，但该光线受到信号盘的控制。当信号盘的叶片遮住光线时，光敏元件没有受到光线照射，其工作状态不变；当信号盘的缺口放开光线时，光敏元件受到光线照射，其工作状态发生变化。传感器的集成电路将这种变化转变为方波，即可作为传感器的输出信号。信号盘每转一圈，传感器输出信号的数量等于信号盘上缺口的数量，单位时间内输出信号的数量即可反应信号轮及发动机的转速。

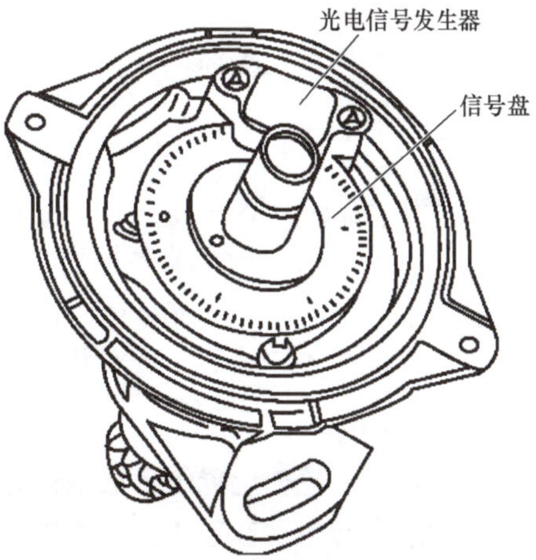

图 2-43　日产车系光电效应式曲轴位置传感器

2. 光电效应式位置传感器的结构与工作原理

日产车系采用了光电效应式曲轴位置传感器与转速传感器，装在凸轮轴前端或分电器内部，由信号盘和光电信号发生器组成，如图 2-43 所示。

信号盘是传感器的信号转子，压装在凸轮轴或分电器轴上，其结构如图 2-44 所示。在靠近信号盘外圈处制有360条缝隙，用于产生曲轴转速信号（1°信号）；内圈均匀分布有6条缝隙（用于六缸发动机，四缸发动机则有4条缝隙），用于产生曲轴位置信号（120°信号或180°信号），其中的一个缝隙稍宽，用于判断第一缸的压缩上止点。

光电信号发生器固定在传感器壳体上，由两个发光二极管、两个光敏二极管以及信号处理电路等组成，如图2-45所示。发光二极管发光，以对面的光敏二极管为照射对象；带缝隙的信号盘在发光二极管与光敏二极管之间转动，产生透光与遮光的交替变化，光敏二极管工作状态随之发生变化，信号处理电路将这种变化转变为相应的方波信号，并输入到ECU。

ECU根据1°信号可以准确判定曲轴的转角与转速；根据120°信号或180°信号可以判定各缸压缩上止点；根据120°信号或180°信号的较宽方波，可以判定出第一缸，其他各缸则根据发动机工作顺序确定。

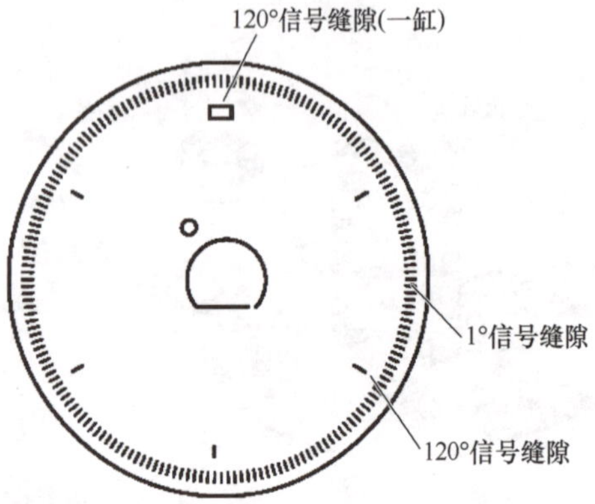

图2-44　光电效应式曲轴位置传感器信号盘

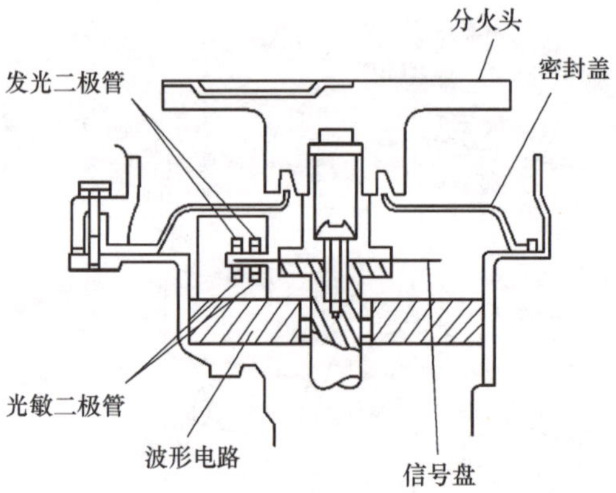

图2-45　光电信号发生器及信号盘的布置

课后测评

一、填空题

1. 凸轮轴位置传感器又称为____________________，由于通过曲轴位置传感器只能识别____________________，所以需要凸轮轴位置传感器采集配气机构中凸轮轴的位置信号并输入到ECU，以便ECU识别____________________位置，从而精确计算控制喷油顺序、点火正时控制和燃烧爆燃控制。

2. 凸轮轴位置传感器根据产生信号的原理可分为____________、____________和____________________三种。但一般都采用____________________。

3. 凸轮轴位置传感器一般安装在______________________________。

二、判断题

1. 霍尔式凸轮轴位置传感器工作时不需要工作电源。（　　）
2. 霍尔式凸轮轴位置传感器输出的信号为方波频率信号。（　　）
3. 霍尔式凸轮轴位置传感器检修时可以用万用表电阻档直接测量阻值。（　　）

三、选择题

1. 霍尔式凸轮轴位置传感器工作电源电压一般为____。

A. 5V　　B. 8V　　C. 12V　　D. 24V

2. 霍尔式凸轮轴位置传感器插接器针脚一般为____。

A. 2 个针脚　　B. 3 个针脚　　C. 4 个针脚　　D. 5 个针脚

3. 霍尔式凸轮轴位置传感器当叶片的缺口对着霍尔元件时，永久磁铁所产生的磁场垂直通过通电的霍尔元件，于是____霍尔电压；当叶片旋转进入霍尔元件和磁铁之间时，由于磁场被阻隔，霍尔元件上没有磁场通过，所以____霍尔电压。

A. 不产生　产生　　B. 产生　　产生

C. 不产生　不产生　　D. 产生　　不产生

四、简答题

1. 画出霍尔式凸轮轴位置传感器与 ECU 的连接电路图。

2. 简述霍尔式凸轮轴位置传感器的检修步骤。

任务五

冷却液温度传感器的检修

任务目标

1. 掌握冷却液温度传感器的安装位置、种类和作用。
2. 了解冷却液温度传感器的工作原理。
3. 能规范地检测冷却液温度传感器。
4. 会分析和测量冷却液温度传感器的连接电路。

任务引入

有一位丰田卡罗拉轿车车主将车开到维修站反映，早上第一次起动发动机时，起动机带动发动机运转正常，但需要起动多次发动机才能着车，且起动后发动机故障指示灯常亮，需要维修。

任务分析

引起发动机冷车难起动的原因有很多，如：点火系统故障、燃油供给系统故障、发动机机械故障和发动机控制系统故障等。本任务主要分析由于冷却液温度传感器故障造成发动机冷起动困难。通过对本任务冷却液温度传感器结构与工作原理的学习，学生能够掌握冷却液温度传感器及相关电路的检测方法。

相关知识

一、冷却液温度传感器的功用

冷却液温度传感器（图 2-46）也叫水温传感器，用于检测发动机冷却液的温度，并以电压信号的形式传给 ECU。ECU 根据获取的信号对基本喷油量、点火提前角和怠速转速等进行修正，如果冷却液温度传感器中的热敏电阻失灵，传感器将无法检测到冷却液温度，无法给 ECU 提供参考信号。

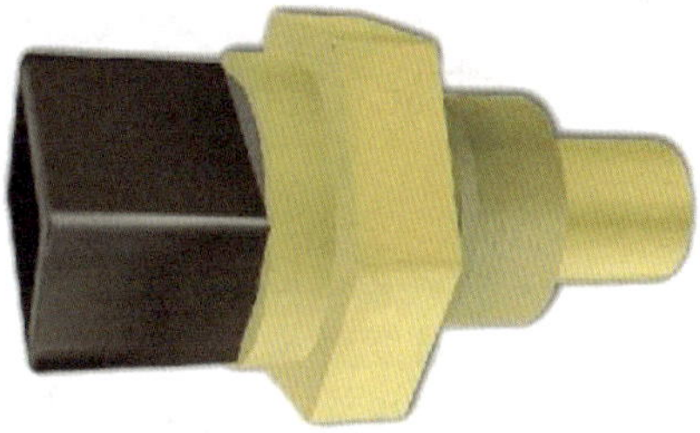

图 2-46　冷却液温度传感器

二、冷却液温度传感器的安装位置

冷却液温度传感器一般安装在气缸盖的水道上或发动机出水口的管道上，如图 2-47 所示。

图 2-47　冷却液温度传感器的安装位置图

三、冷却液温度传感器的类型

冷却液温度传感器的类型很多，有热敏电阻式、金属热电阻式、线绕电阻式和半导体晶体管式等。现代汽车上一般采用热敏电阻式。

热敏电阻是利用陶瓷半导体材料的电阻值随温度变化而变化的特性制成。根据热敏电阻的特性不同，可分为负温度系数热敏电阻和正温度系数热敏电阻。电阻值随温度升高而减小的称为负温度系数热敏电阻；电阻值随温度升高而增大的称为正温度系数热敏电阻。汽车上一般采用负温度系数的热敏电阻。

四、冷却液温度传感器的结构

冷却液温度传感器内部结构如图 2-48 所示。它主要由半导体的热敏元件、壳体和插接器针脚等组成。插接器针脚一般为两个针脚。

五、冷却液温度传感器的工作原理

负温度系数的热敏电阻式冷却液温度传感器当冷却液温度较低时，传感器的电阻较大；当冷却液温度升高时，传感器的电阻变小，并将这种变化通过电路的连接转化为电信号输送给 ECU，ECU 根据输入的电信号（即冷却液温度的变化信号）对发动机的喷油量及喷油时间进行修正，同时调整空燃比，使进入发动机内的混合气稳定地燃烧，冷机时供给较浓的可燃混合气，热机时，供给较稀的可燃混合气，使发动机处于良好的工作状态。冷却液温度传感器的特性如图 2-49 所示。

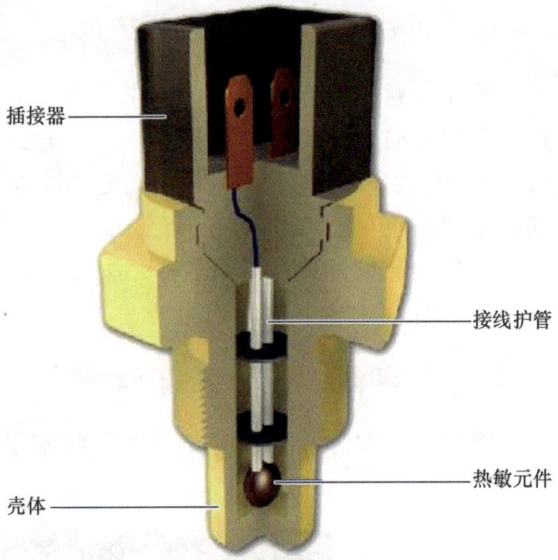

图 2-48　冷却液温度传感器的结构图

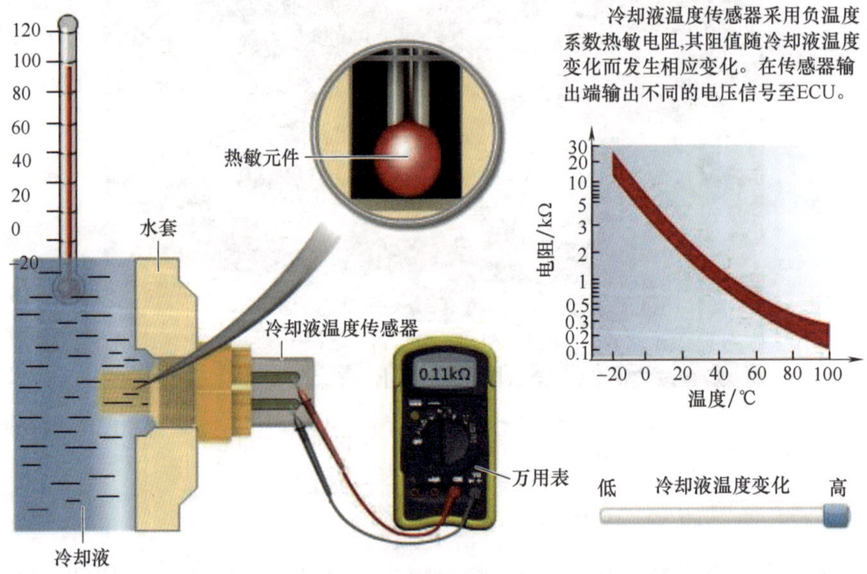

图 2-49　冷却液温度传感器的工作原理和特性曲线图

六、冷却液温度传感器的连接电路

冷却液温度传感器的连接电路如图 2-50 所示。传感器的热敏电阻通过导线与 ECU 相连，并与 ECU 内部的分压电阻串联，形成分压电路。ECU 向该分压电路提供稳定的工作电压（一般为 5V），热敏电阻所获得的分压值即为测得的温度信号。

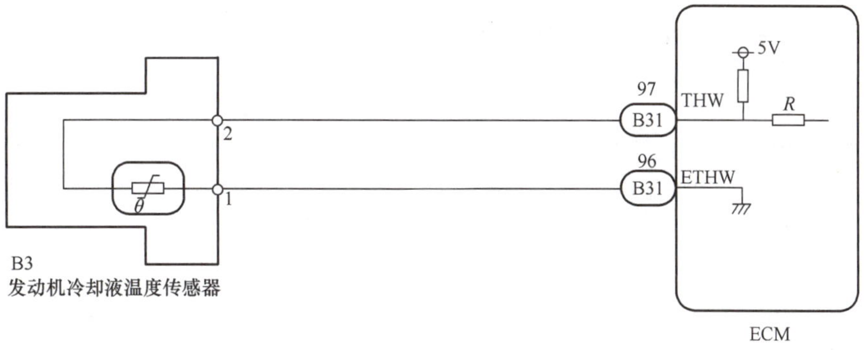

图 2-50　冷却液温度传感器的连接电路

任务实施

根据任务引入所述的故障现象，可以执行如下的检修步骤。

一、用汽车故障诊断仪读取 ECU 故障码

1）检查变速器档位是否处于 P 位，驻车制动器是否处于制动状态。

2）打开位于仪表板左下方的车辆诊断接口盖，将汽车故障诊断仪连接到车辆故障诊断接口。

3）起动发动机。

4）打开故障诊断仪，按指示菜单操作，进入发动机系统。

5）选择读取故障码，可能的故障码见表 2-17。

表 2-17　故障码

P0115	发动机冷却液温度电路故障
P0116	发动机冷却液温度电路范围/性能故障
P0117	发动机冷却液温度电路低输入
P0118	发动机冷却液温度电路高输入

二、用汽车故障诊断仪读取 ECU 内的数据流

1）打开故障诊断仪，按指示菜单操作，进入发动机系统。

2）选择读取发动机系统数据流，结果见表 2-18。

表 2-18　数据流

结　果	转　至
显示温度为 -40℃	故障 1 诊断与排除
显示温度为 140℃ 或更高	故障 2 诊断与排除

标准：发动机暖机后，冷却液温度在 80～100℃。

三、冷却液温度传感器的故障排除

1. 故障1诊断与排除

冷却液温度传感器电路断路。

1）确认发动机冷却液温度传感器连接良好。

2）断开冷却液温度传感器插接器。

3）连接线束侧传感器插接器端子1和2，如图2-51所示。

4）将故障诊断仪连接到故障诊断座。

5）将点火开关置于ON位并开启诊断仪。

6）读取诊断仪上的显示值。

标准：140℃或更高。

如果读取的数值在140℃或以上，则更换发动机冷却液温度传感器，如仍显示-40℃，则需检测冷却液温度传感器连接电路是否存在断路。

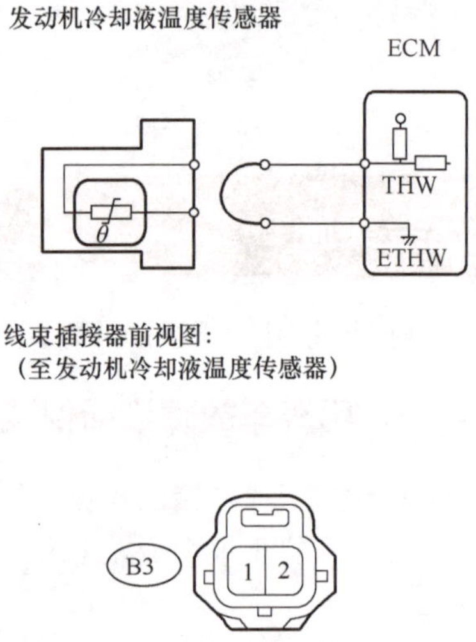

图2-51　连接传感器端子1和2

2. 故障2诊断与排除

冷却液温度传感器电路短路。

1）断开冷却液温度传感器插接器。

2）将故障诊断仪连接到故障诊断座。

3）将点火开关置于ON位并开启检测仪。

4）读取诊断仪上的显示值。

标准：-40℃。

如果读取的数值在标准范围内，则更换发动机冷却液温度传感器，如仍显示140℃，则需检测冷却液温度传感器连接电路是否存在短路。

3. 冷却液温度传感器的检测

1）断开冷却液温度传感器插接器。

2）选用合适的工具（棘轮扳手，19mm套筒），正确组合工具，拧松冷却液温度传感器，并用手取下。

3）检查冷却液温度传感器外观是否破损。

4）选用数字万用表，调到欧姆档，将红黑表笔互测检查万用表误差。

5）将冷却液温度传感器放入烧杯的水中，并加热，测量不同温度下，传感器的阻值。正常情况下，在20℃时，标准阻值为2.32～2.59kΩ；80℃时，标准阻值为0.310～0.326kΩ，如果测得的阻值不符合标准，则更换冷却液温度传感器。

4. 冷却液温度传感器—ECM电路的检测

1）断开发动机冷却液温度传感器插接器。

2）断开ECM插接器。

3）根据表2-19中的值测量电阻。

表 2-19　标准电阻

检测仪连接	条　件	规定状态
B3-2—B31-97（THW）	始终	小于1Ω
B3-1—B31-96（ETHW）	始终	小于1Ω
B3-2 或 B31-97（THW）—车身搭铁	始终	10kΩ 或无穷大

如果测量的数值不在规定范围内，则更换线束或插接器（冷却液温度传感器 - ECM）；如果读取数值在规定范围内，则更换 ECM。

知识拓展

一、温度传感器的类型

目前汽车上常见的温度传感器主要有冷却液温度传感器、进气温度传感器、机油温度传感器和排气温度传感器等，如图 2-52 所示。各种温度传感器其工作原理和特性基本一致。

a)

b)

c)

d)

图 2-52　各种类型的温度传感器

a）冷却液温度传感器　b）进气温度传感器　c）机油温度传感器　d）排气温度传感器

二、进气温度传感器

1. 安装位置与结构

进气温度传感器一般与空气流量传感器或进气压力传感器制成一体，结构上主要是一个负温度系数的热敏电阻，如图 2-53 所示。

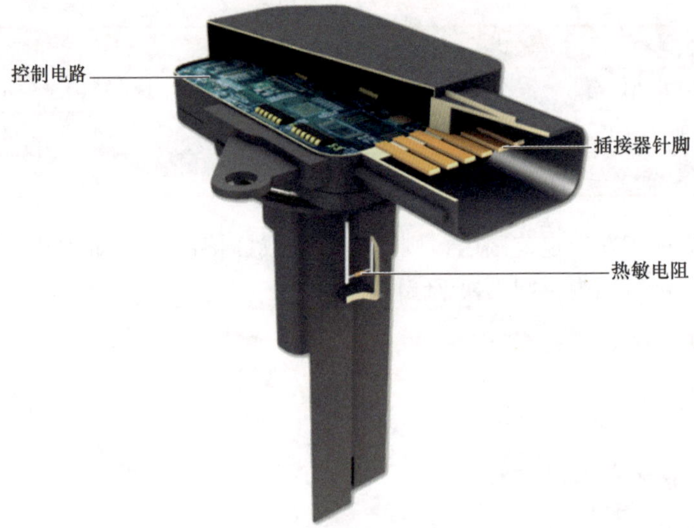

图 2-53　进气温度传感器的安装位置图

2. 工作原理

进气温度传感器的工作原理如图 2-54 所示，当进气温度较低时，其阻值较大；随着进气温度的升高，其阻值随之变小。

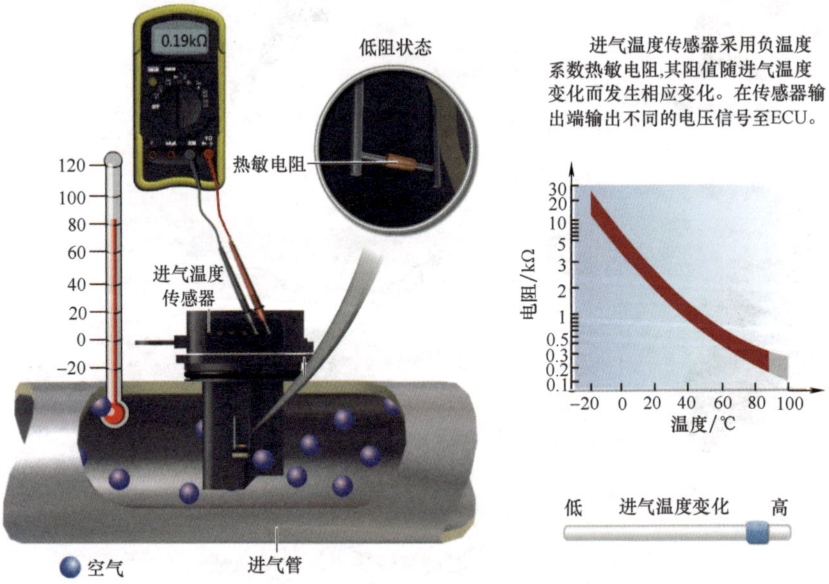

扫一扫

进气温度传感器工作原理

图 2-54　进气温度传感器的工作原理

3. 连接电路

进气温度传感器与 ECM 的连接电路如图 2-55 所示。

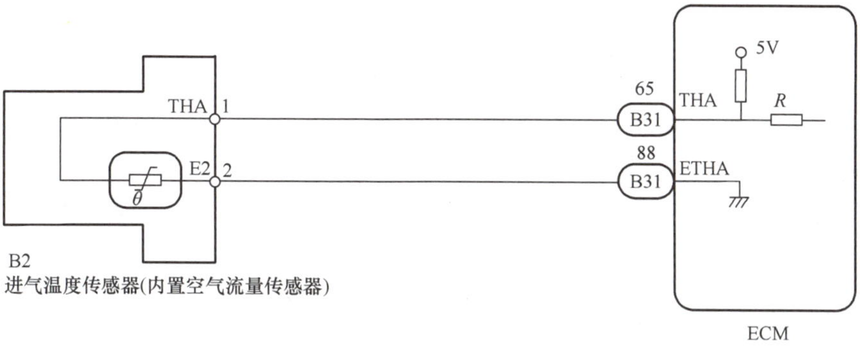

图 2-55 进气温度传感器与 ECM 连接电路

课后测评

一、填空题

1. 冷却液温度传感器的作用是检测______________，并以电压信号的形式传给____________。ECU 根据获取的信号对基本喷油量、点火提前角和怠速转速等进行修正。

2. 冷却液温度传感器一般安装在______________。

3. 冷却液温度传感器主要有____________、____________、线绕电阻式和半导体晶体管式等。汽车上一般采用____________式。

4. 负温度系数的热敏电阻阻值随温度____________而____________。

二、判断题

1. 冷却液温度传感器内部结构就是一个负温度系数的热敏电阻。（　）

2. 负温度系数的冷却液温度传感器信号电压值与温度成反比（即温度越高，信号电压越低）。（　）

3. 负温度系数的冷却液温度传感器信号电压值与温度成正比（即温度越高，信号电压越高）。（　）

4. 冷却液温度传感器一般安装在发动机的出水口，与冷却液直接接触。（　）

5. 冷却液温度传感器由 ECU 提供 5V 工作电压，因此工作时的信号电压始终为 5V。（　）

6. 冷却液温度传感器与进气温度传感器除安装位置不相同外，其结构和工原理都相同。（　）

三、选择题

1. 负温度系数的热敏电阻其阻值随温度的升高而____。

A. 升高　B. 降低　C. 不受影响　D. 先高后低

2. 以下哪种故障现象可能与冷却液温度传感器信号关系不大。____

A. 起动困难　B. 怠速不稳　C. 动力不足　D. 发动机异响

3. 如果 ECU 检测到冷却液温度传感器的信号电压接近 5V，则说明传感器或其电路发生了____故障。

A. 断路　　B. 短路　　C. 接触不良　　D. 元件老化

4. 如果 ECU 检测到冷却液温度传感器的信号电压接近 0V，则说明传感器或其电路发生了____故障。

A. 断路　　B. 短路　　C. 接触不良　　D. 元件老化

四、简答题

1. 画出冷却液温度传感器和进气温度传感器与 ECU 的连接电路图。

2. 简述冷却液温度传感器的检测步骤。

任务六

节气门位置传感器的检修

任务目标

1. 掌握节气门位置传感器的安装位置、种类和作用。
2. 了解节气门位置传感器的工作原理。
3. 会熟练检测节气门位置传感器。
4. 会分析和测量节气门位置传感器的连接电路。

任务引入

有一位丰田卡罗拉轿车车主将车开到维修站，反映最近车辆存在加速不良、油耗增加的故障，需要对车辆进行检修。

任务分析

节气门位置传感器是现代发动机电控系统中必不可少的传感器之一，节气门位置信号是发动机电控系统用于控制喷油量、点火正时、怠速转速和尾气排放的一个非常重要的参考信号。引起车辆加速不良、油耗增加的原因有很多，如发动机机械方面的故障、汽车行驶系统方面的故障等。本任务主要分析由于节气门位置传感器故障造成发动机加速不良、油耗增加的故障。通过对本任务节气位置传感器结构与工作原理的学习，学生能够掌握节气门位置传感器及相关电路的检测方法。

相关知识

一、节气门位置传感器的作用

节气门位置传感器的作用主要是将节气门开度以及节气门开度变化速率，转变为电信号输入发动机 ECU，用于判别发动机的各种工况，从而控制不同的喷油量和点火正时。

二、节气门位置传感器的安装位置

节气门位置传感器安装在节气门体总成上，检测节气门开度，如图 2-56 所示。

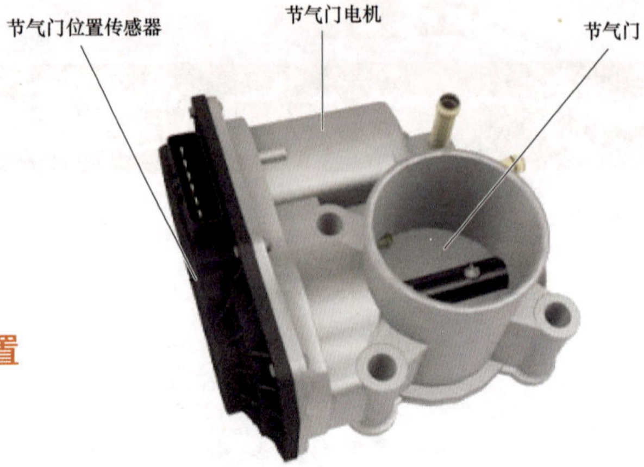

图 2-56　节气门位置传感器的安装位置图

三、节气门位置传感器的类型

传统的加速踏板拉索控制式节气门配备的节气门位置传感器，按结构可分为触点开关式、滑动电阻式、怠速开关与滑动电阻综合式。新型的智能电子节气门控制系统所用的节气门位置传感器常见的有双滑动电阻式和线性双霍尔式两种。

四、双霍尔式节气门位置传感器和节气门体的结构

霍尔式节气门位置传感器主要包括一个固定在节气门轴上的永久磁铁、两个输出电压与磁通量成正比的线性霍尔集成电路等组成。双霍尔式节气门位置传感器和节气门体的结构如图 2-57 所示。

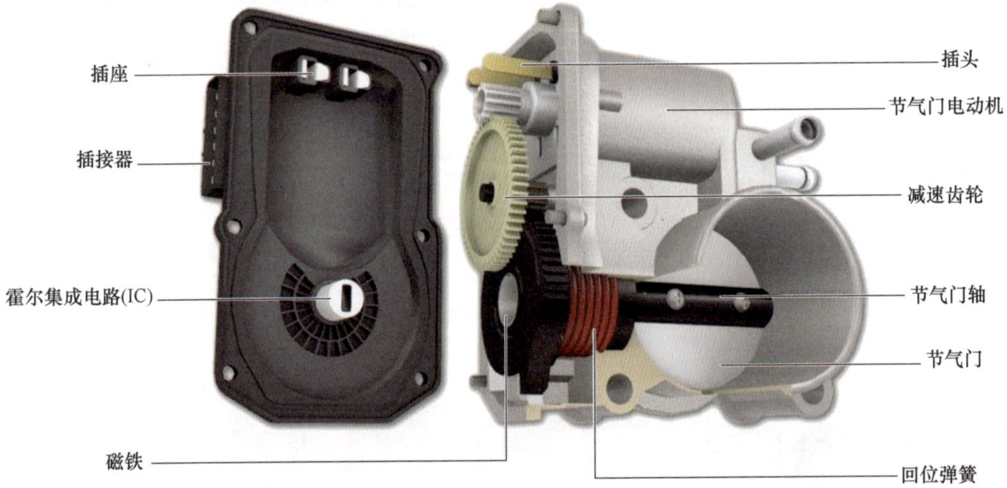

图 2-57　双霍尔式节气门位置传感器和节气门体的结构图

五、双霍尔式节气门位置传感器的工作原理

当节气门的开度较小时，通过霍尔 IC1 和 IC2 的磁通量也较少，此时两个霍尔集成电路的输出电压也会较小，如图 2-58a 所示；当节气门的开度由小到大变化时，与节气门同轴安装的磁铁也会发生偏转，因此流入霍尔集成电路的磁通量也会由小到大变化，此时两个霍尔集成电路的输出电压也会由小到大变化，如图 2-58b 所示，通过两个系统（主、副）输出，提高了系统测量故障的准确性，增强了故障保护功能，确保了可靠性。

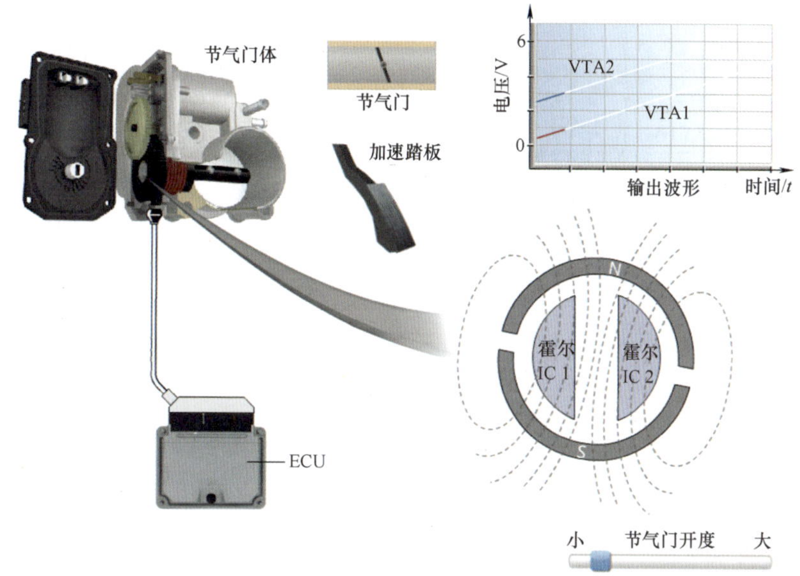

a)

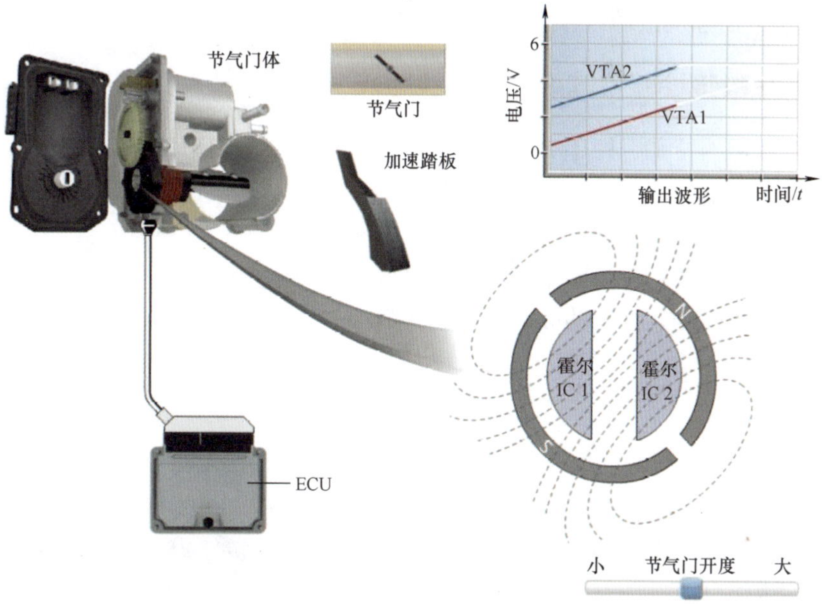

b)

图 2-58　双霍尔式节气门位置传感工作原理图

a）节气门开度较小时　b）节气门开度较大时

六、双霍尔式节气门位置传感器的连接电路

双霍尔式节气门位置传感器与 ECU 的连接电路如图 2-59 所示。ECM 通过 VC 端子为节气门位置传感器内的 1 号 IC 和 2 号 IC 提供 5V 的电源，再通过 E2 端子流经 ECM 后搭铁，VTA1 和 VTA2 分别为 1 号 IC 和 2 号 IC 的信号输出端子，向 ECM 提供两组随节气门开度增加而增大的电压信号。从而可以增进系统监测故障的准确性，并加强失效安全的功能以提高可靠性。

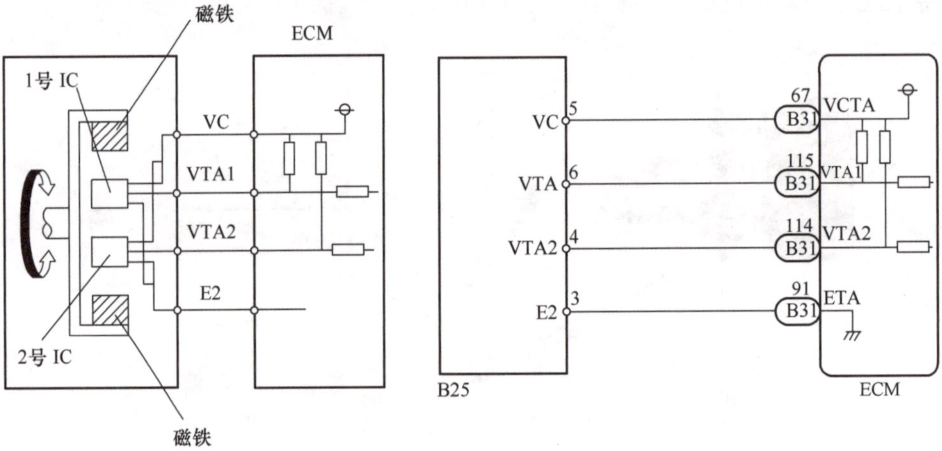

图 2-59　双霍尔式节气门位置传感器连接电路

任务实施

根据任务引入所述的故障现象，可以执行如下的检修步骤。

一、用汽车故障诊断仪读取 ECU 故障码

1）检查变速器档位是否处于 P 位，驻车制动器是否处于制动状态。
2）打开位于仪表板左下方的车辆诊断接口盖，将汽车故障诊断仪连接到车辆故障诊断接口。
3）起动发动机。
4）打开故障诊断仪，按指示菜单操作，进入发动机系统。
5）选择读取故障码，可能的故障码见表 2-20。

表 2-20　故障码

P0120	节气门/踏板位置传感器/开关“A”电路故障
P0122	节气门/踏板位置传感器/开关“A”电路低输入
P0123	节气门/踏板位置传感器/开关“A”电路高输入
P0220	节气门/踏板位置传感器/开关“B”电路故障
P0222	节气门/踏板位置传感器/开关“B”电路低输入
P0223	节气门/踏板位置传感器/开关“B”电路高输入
P2135	节气门/踏板位置传感器/开关“A”/“B”电路故障

二、用汽车故障诊断仪读取 ECU 内的数据流

1）打开故障诊断仪，按指示菜单操作，进入发动机系统。

2）选择读取发动机系统数据流，见表 2-21。

表 2-21　数据流标准值

检测仪显示	完全松开加速踏板	完全踩下加速踏板
节气门位置 1	0.5～1.1V	3.3～4.9V
节气门位置 2	2.1～3.1V	4.6～5.0V

三、测量节气门位置传感器电路

1）断开节气门位置传感器插接器；

2）断开 ECU 插接器

3）根据表 2-22 和表 2-23 中的值测量电路。

表 2-22　标准电阻（断路检查）

检测仪连接	条　件	规定状态
B25－5（VC）—B31-67（VCTA）	始终	小于 1Ω
B25-6（VTA）—B31-115（VTA1）	始终	小于 1Ω
B25-4（VTA2）—B31-114（VTA2）	始终	小于 1Ω
B25-3（E2）—B31-91（ETA）	始终	小于 1Ω

表 2-23　标准电阻（短路检查）

检测仪连接	条　件	规定状态
B25-5（VC）或 B31-67（VCTA）—车身搭铁	始终	10kΩ 或更大
B25-6（VTA）或 B31-115（VTA1）—车身搭铁	始终	10kΩ 或更大
B25-4（VTA2）或 B31-114（VTA2）—车身搭铁	始终	10kΩ 或更大

如测量值不在上表的范围内，说明该电路存在断路或短路的故障，需要更换或维修节气门位置传感器—ECU 的连接电路。如正常，进行下一步测量。

4）根据表 2-24 中的值测量电压。

表 2-24　标准电压

检测仪连接	开关状态	规定状态
B25-5（VC）—B25-3（E2）	点火开关置于 ON 位	4.5～5.5V

如测量值不在上表的范围内，说明 ECU 损坏，需更换 ECU；如测量值在上表的范围内，则说明节气门位置传感器损坏，需更换节气门体总成。

知识拓展

一、触点开关式节气门位置传感器结构与工作原理

触点开关式节气门位置传感器主要由节气门轴、怠速触点（IDL）、大负荷触点（PSW）及随节气门轴转动的凸轮等组成，其结构如图 2-60 所示。

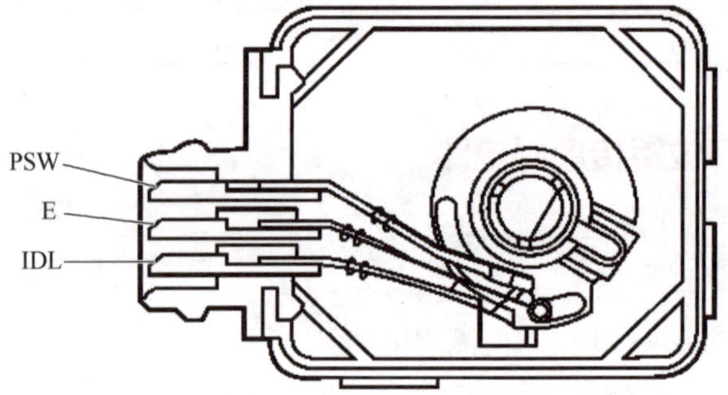

图 2-60　触点开关式节气门位置传感器结构图

触点开关式节气门位置传感器的连接电路如图 2-61 所示，ECU 通过连接电路分别向两个触点输出 5V 的信号参考电压，触点闭合时，该线路被搭铁，信号参考电压变为 0V，ECU 接收到低电平信号“0”；触点张开时，线路没有搭铁，信号参考电压维持为 5V，ECU 接收到高电平信号“1”。其产生的信号如图 2-62 所示。

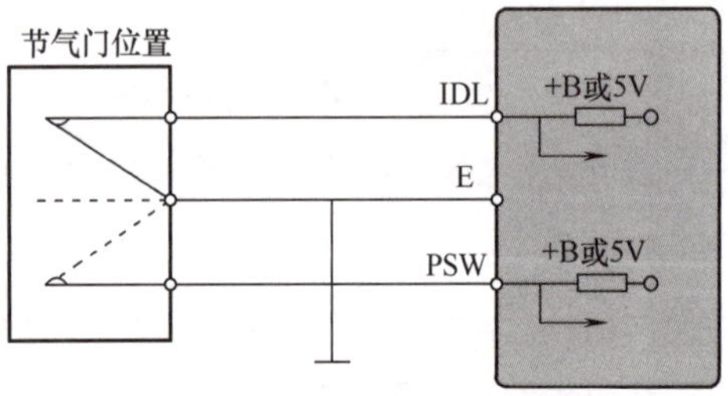

图 2-61　触点开关式节气门位置传感器的连接电路

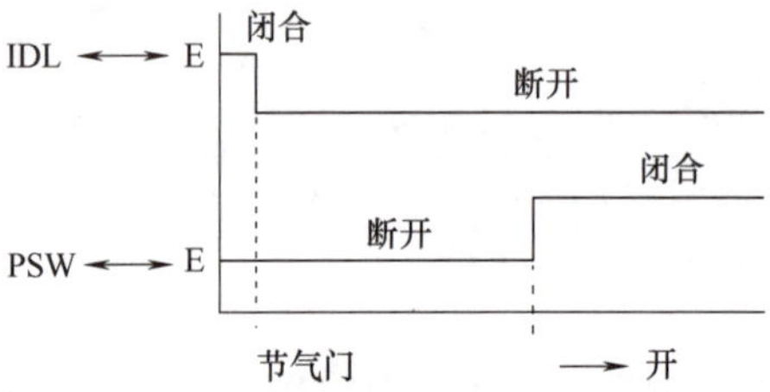

图 2-62　触点开关式节气门位置传感器的输出信号

当 IDL 信号和 PSW 信号分别为“0”“1”时，ECU 判定节气门处于怠速位置，因而对发动机进行怠速方面的控制。

当 IDL 信号和 PSW 信号分别为“1”“0”时，ECU 判定发动机处于大负荷状态，因而对发动机进行大负荷加浓控制，即适当增大喷油量，以提高发动机的功率。

当 IDL 信号和 PSW 信号分别为“0”“0”时，ECU 判定发动机处于部分负荷状态，因而根据其他传感器信号确定喷油量和点火正时，以确保发动机的经济性和排放性。

二、怠速开关与滑动电阻综合式节气门位置传感的结构与工作原理

这种节气门位置传感器包括怠速触点和滑动电阻式传感器两个部分，主要由滑动电阻、滑动触点、节气门轴、怠速触点及传感器壳体等组成，如图 2-63 所示。其滑动电阻制作在传感器底板上，一端由 ECU 提供 5V 工作电源（VC 端子），另一端通过 ECU 搭铁；滑动电阻的滑臂与信号输出端子 VTA 相连，并随节气门轴一同转动；怠速触点的一端由 ECU 提供 5V 的信号参考电压（IDL 端子），另一端也通过 ECU 搭铁，如图 2-64 所示。

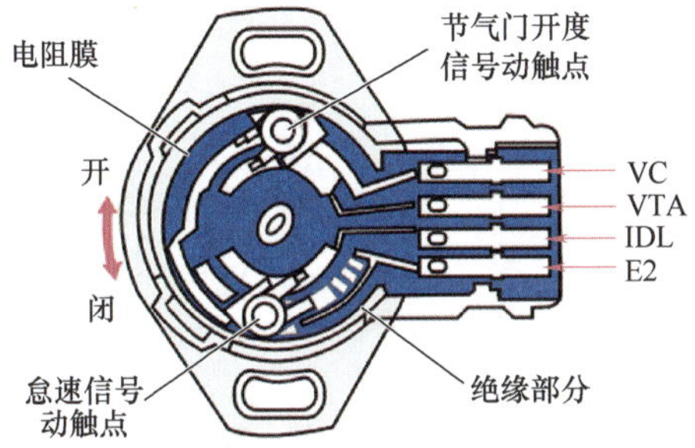

图 2-63 综合式节气门位置传感器的结构

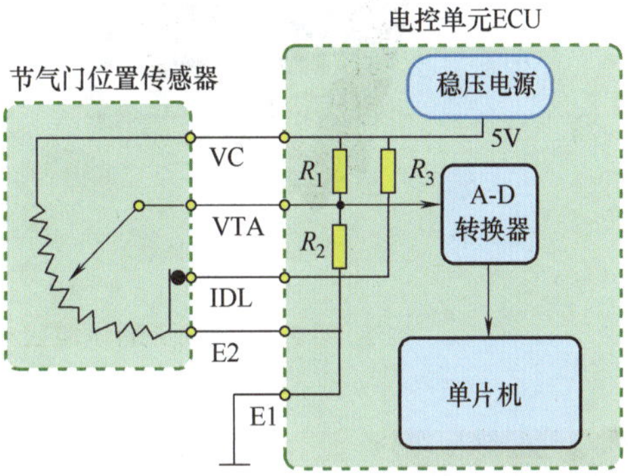

图 2-64 综合式节气门位置传感器的连接电路

当节气门开度变化时，滑臂上的触点在滑动电阻上滑动，从而从滑动电阻上获得分压电压，并作为节气门开度信号输送到 ECU。节气门从全关到全开变化时，信号电压从 0.5 ~ 4.5V 变化。信号变化如图 2-65 所示。

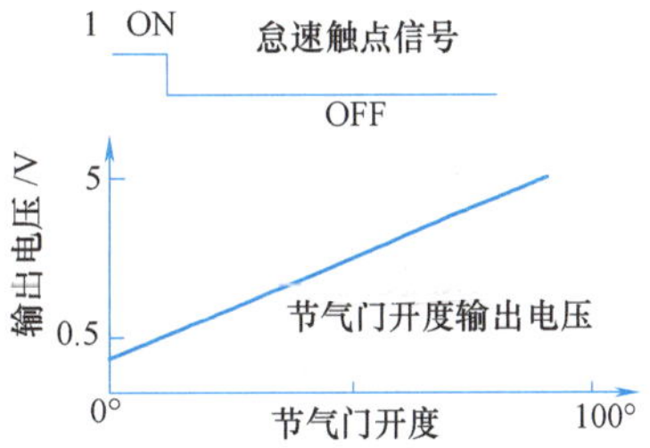

图 2-65 综合式节气门位置传感器信号

由于该传感器可以检测到节气门开度的连续变化情况，因此 ECU 可以实现更多的控制功能，例如：加速加浓控制、空气流量信号替代控制（即空气流量传感器发生故障时，利用节气门位置和发动机转速计算进气量）等。

三、双滑动电阻式节气门位置传感器的结构与工作原理

双滑动电阻式节气门位置传感器在大众 AJR 发动机上应用，它与节气门体安装在一体，内部主要由两个滑动电阻（主、副）组成。

当节气门的开度由小到大变化时，主滑动电阻的阻值由小到大变化，副滑动电阻的阻值由大到小变化，如图 2-66 所示。

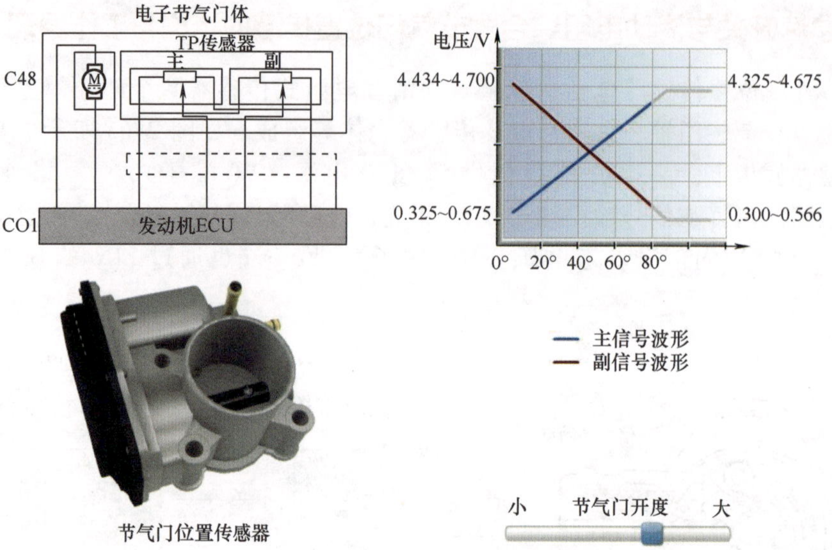

图 2-66　双滑动电阻式节气门位置传感器的结构与工作原理

课后测评

一、填空题

1. 节气门位置传感器的作用主要是将____________________转变为电信号输入发动机____________，用于判别发动机的各种工况，从而控制不同的喷油量和点火正时。

2. 节气门位置传感器安装在____________________，检测节气门开度。

3. 传统的加速踏板拉索控制式节气门配备的节气门位置传感器，按结构可分为触点开关式、滑动电阻式和____________________式。新型的智能电子节气门控制系统所用的节气门位置传感器有____________________和____________________两种。

二、判断题

1. 电子式全自动节气门体完全取消了节气门拉索。（　　）

2. 节气门位置传感器用来检测节气门的开度，以反映发动机的不同工况以及发动机的负荷状态。（　　）

3. 双霍尔式节气门位置传感器信号能经由主系统与次系统输出，从而可以增进系统监测故障的准确性，并加强失效安全的功能以提高可靠性。（　　）

4. 双霍尔式节气门位置传感器为频率信号输出，从而可以增进系统监测故障的准确性，并加强失效安全的功能以提高可靠性。（　　）

5. 双霍尔式节气门位置传感器的导通性可以用万用表检测，其性能好坏可以通过示波器检测信号电压波形来进行判断。（　　）

6. 电子节气门系统中节气门位置传感器是一个双电位器传感器，其两个输出信号电压是同时线性变化的。（　　）

7. 电子节气门系统中，节气门的实际开度与驾驶人对节气门的开度要求不一定相同。（　　）

8. 滑动电阻式节气门位置传感器可以利用万用表检测插接器相应端子之间的电阻值，即可判断其故障。（　　）

三、选择题

1. ECU 利用节气门位置传感器的信号来判别发动机的工况及其变化，从而进行____控制。

A. 怠速控制　　B. 加速加浓　　C. 大负荷加浓　　D. 怠速转速稳定

2. 在检测节气门位置传感器电源电压时，接通点火开头的条件下，电压约为____。

A. 5V　　B. 4.5V　　C. 0V　　D. 12V

3. 以下哪种故障现象可能与节气门位置传感器信号关系不大？____

A. 怠速不稳　　B. 起动困难　　C. 动力不足　　D. 加速无力

四、简答题

1. 画出双霍尔式节气门位置传感器与 ECU 的连接电路图。

2. 简述双霍尔式节气门位置传感器及电路的检测步骤。

任务七
氧传感器的检修

任务目标

1. 掌握氧传感器的安装位置、种类和作用。
2. 了解氧传感器的工作原理。
3. 掌握氧传感器信号与燃油喷射量之间的关系。
4. 能规范地检测氧传感器及连接电路。

任务引入

有一位丰田卡罗拉轿车车主将车开到维修站反映，车辆行驶一段距离后发动机故障指示灯就会亮起，油耗增加且尾气排放超标，需要对车辆进行检修。

任务分析

车辆行驶一段距离后发动机故障指示灯才会亮起，说明发动机自诊断系统在刚起动的一段时间内并没有检测到故障，而是可能等到发动机暖机后才检测到故障，此类故障形式主要发生在排放控制系统或点火系统，本任务主要分析由于氧传感器故障造成发动机故障灯亮起、油耗增加、排放超标的故障。通过对本任务氧传感器结构与工作原理的学习，学生能够掌握氧传感器及相关电路的检测方法。

相关知识

一、氧传感器的功用

氧传感器（图2-67）用以检测废气中残余氧含量并以电压信号的形式传给ECU，ECU用以判断可燃混合气的浓度，并对喷油量进行修正，偏稀时增加喷油量，偏浓时减少喷油量，使可燃混合气浓度接近理论值（空燃比14.7:1），从而使催化转换器更好地发挥净化作用。如果氧传感器无法提供参考信号，ECU将不能实时监测喷油量是否满足要求，发动机性能会受到影响，尾气排放也会增大。

二、氧传感器的安装位置

现代汽车上一般安装有两个氧传感器，分别安装在三元催化装置的前端和后端，如图2-68所示；前氧传感器主要用来检测空燃比的浓稀信号；后氧传感器主要用来检测三元催化装置的转换效率。

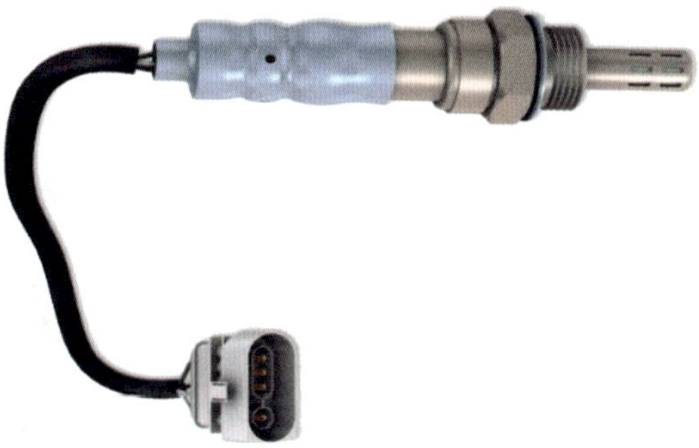

▲图2-67　氧传感器

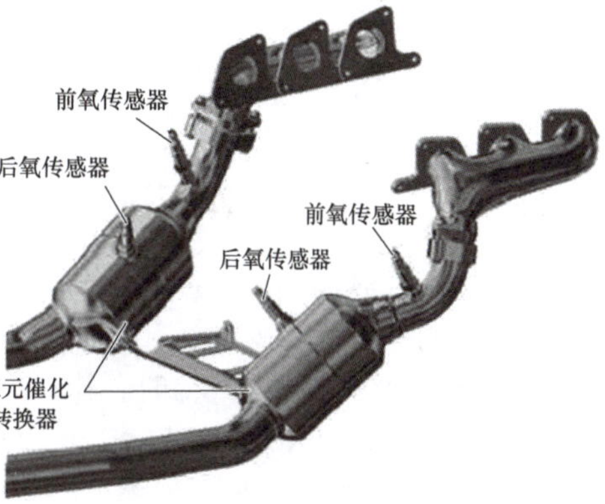

▲图2-68　氧传感器的安装位置图

三、氧传感器的类型

按使用的材料进行分类，常见的氧传感器有二氧化锆式和二氧化钛式两种，如图2-69所示。

a)　　b)

▲图2-69　氧传感器的类型

a）二氧化钛式氧传感器　b）二氧化锆式氧传感器

按氧传感器是否安装加热器进行分类，有加热型氧传感器和非加热型氧传感器两种，现代汽车上都采用加热型氧传感器。

四、氧传感器的结构

二氧化锆式氧传感器主要由锆管（传感元件）、内外铂电极和加热元件等组成，如图 2-70 所示。内外铂电极是在锆管内、外两侧涂覆一层多孔性铂膜电极。锆管内侧通大气，外侧与排气接触。

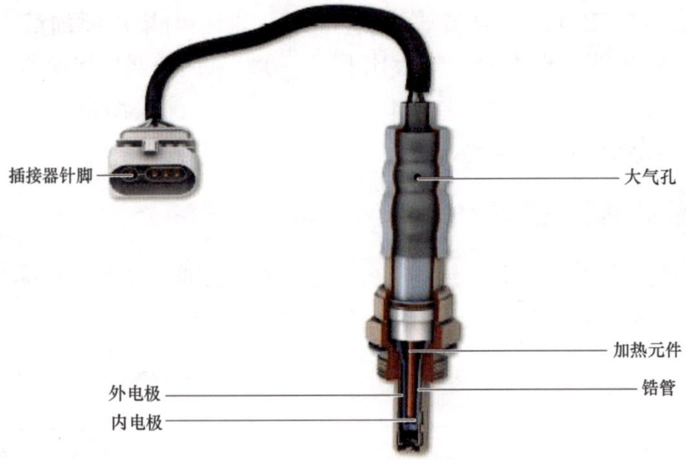

图 2-70　二氧化锆式氧传感器的结构

五、氧传感器的工作原理

二氧化锆式氧传感器工作时，在高温废气冲刷下，氧气发生电离，由于锆管内侧氧离子浓度高，外侧氧离子浓度低，在氧浓度差作用下，氧离子从大气侧向排气侧扩散，从而形成了氧浓度差电池。当混合气稀时，排气中含氧量高，锆管内外两侧浓度差小，产生的电位差小，大约为 0.1V；当混合气浓时，排气中含氧量低，浓度差大，产生的电位差高，大约为 0.9V，电动势的高低以理论空燃比为界限发生突变，如图 2-71 所示。

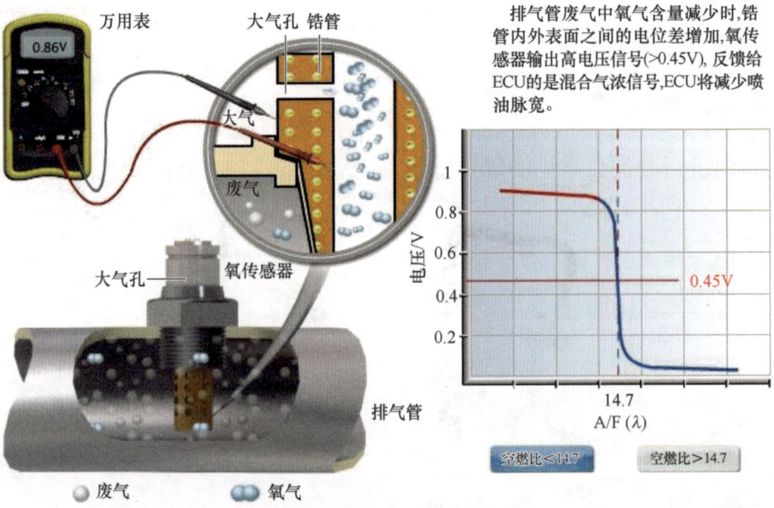

图 2-71　氧传感器的工作原理图

氧传感器的输出特性与排气温度有关，当排气温度低于300℃时，氧传感器的输出特性不稳定，发动机刚刚起动后，由于排气温度偏低，氧传感器不工作，为了让氧传感器尽快达到正常工作的温度，一般在氧传感器上安装有加热器。加热器一般用陶瓷加热元件制成，加热温度一般设定为300℃，并直接由汽车电源供电。

六、氧传感器的连接电路

前氧传感器和后氧传感器与ECU的连接电路如图2-72所示。该电路包含了氧传感器的加热控制电路，一般情况下，发动机ECU会根据进气量和发动机转速来控制氧传感器加热器的工作电流。当发动机负荷较低时，其排气温度也低，ECU将增大加热器的工作电流；反之，负荷较高时，则减小加热器的工作电流，从而始终保持传感器良好的工作状态。

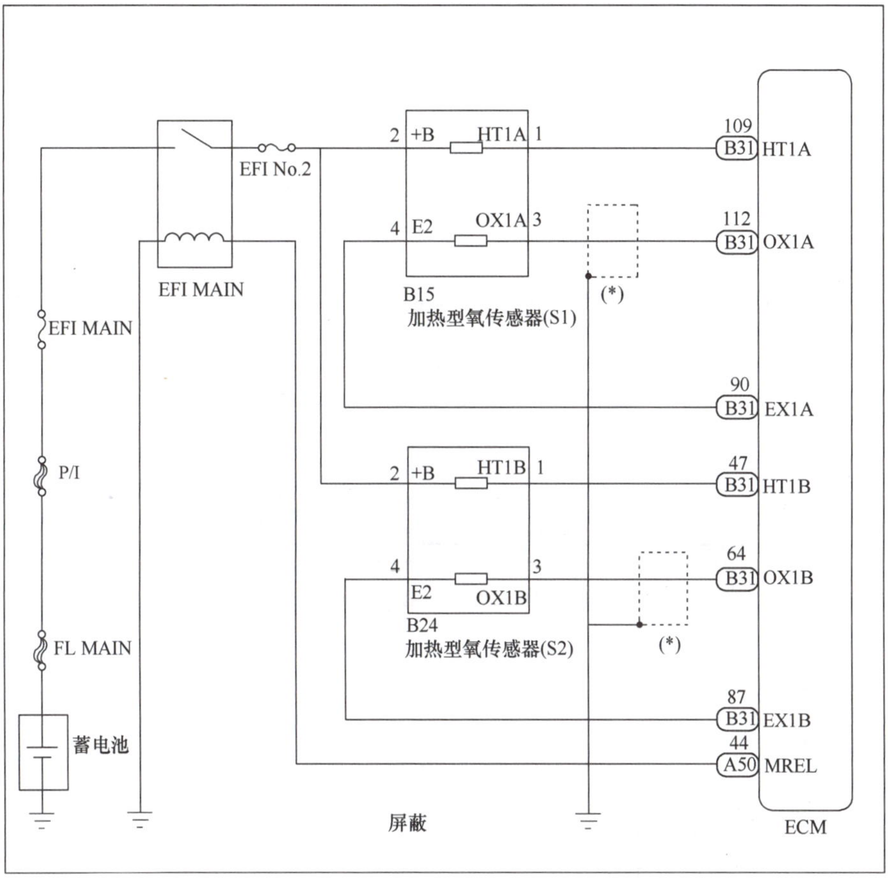

图2-72 氧传感器的连接电路

任务实施

根据任务引入所述的故障现象，可以执行如下的检修步骤。

一、用汽车故障诊断仪读取 ECU 故障码

1）检查变速器档位是否处于 P 位，驻车制动器是否处于制动状态。

2）打开位于仪表板左下方的车辆诊断接口盖，将汽车故障诊断仪连接到车辆故障诊断接口。

3）起动发动机。

4）打开故障诊断仪，按指示菜单操作，进入发动机系统。

5）选择读取故障码，可能的故障码见表 2-25。

表 2-25　故障码

P0130	氧传感器电路故障
P0133	氧传感器电路响应迟缓
P0134	未检测到氧传感器电路动作

二、用示波器检测氧传感器的波形

在发动机怠速状态下检查氧传感器的输出波形，正确的波形如图 2-73 所示。

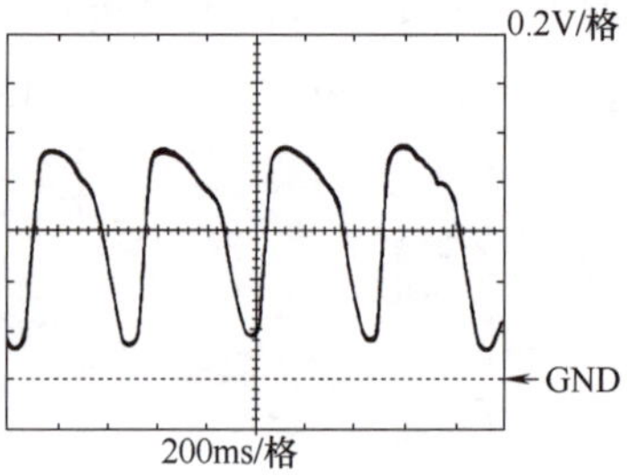

图 2-73　正确的波形

如果测量的波形如图 2-74 所示，说明氧传感器可能存在故障。

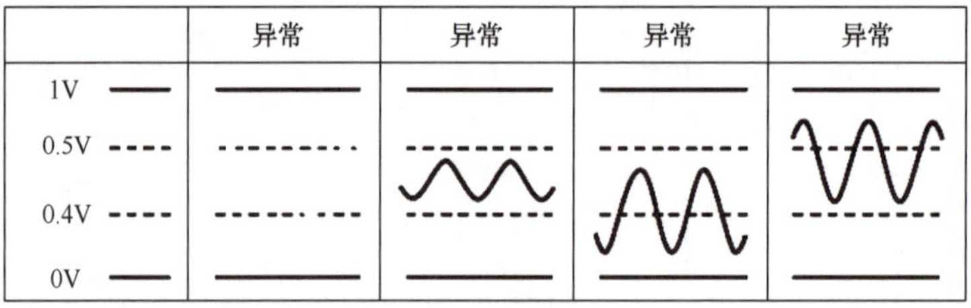

图 2-74　测量的波形

三、拆卸氧传感器

1）断开氧传感器插接器。

2）选用合适的工具（氧传感器拆装专用工具、棘轮扳手）。

3）旋松氧传感器，然后用手拧下来。

4）用干净的布遮挡前氧传感器安装孔。

四、检测氧传感器

1）检查外观有无损伤。

2）选用数字式万用表，打开至欧姆档，正负表笔对测，检查万用表的测量误差。

3）检查氧传感器端子 1（HT）和端子 2（+B）之间的电阻（加热元件），在 20℃ 条件下，正常电阻值为 1.8～3.4Ω，若测量结构不符合规定，则更换氧传感器。

五、测量氧传感器电路

1）断开氧传感器插接器。

2）将点火开关置于 ON 位，根据表 2-26 的值测量电压。

表 2-26　标准电压

检测仪连接	开关状态	规定状态
B15-2（+B）—车身搭铁	点火开关置于 ON 位	9～14V

如电压在上表的范围内则进行下一步的检查，如电压不在上表的范围内则检查熔丝（EFI NO. 2）和电源电路。

3）拆下蓄电池的负极端头，断开 ECU 插接器。

4）根据表 2-27 和表 2-28 中的值测量电路。

表 2-27　标准电阻（断路检查）

检测仪连接	条　件	规定状态
B15-1（HT1A）—B31-109（HT1A）	始终	小于 1Ω
B15-3（OX1A）—B31-112（OX1A）	始终	小于 1Ω
B15-4（E2）—B31-90（EX1A）	始终	小于 1Ω

表 2-28　标准电阻（短路检查）

检测仪连接	条　件	规定状态
B15-1（HT1A）或 B31-109（HT1A）—车身搭铁	始终	10kΩ 或更大
B15-3（OX1A）或 B31-112（OX1A）—车身搭铁	始终	10kΩ 或更大
B15-4（E2）或 B31-90（EX1A）—车身搭铁	始终	10kΩ 或更大

如测量值不在上表的范围内，说明该电路存在断路或短路的故障，需要更换或维修氧传感器—ECU 的连接电路；如正常则需要检查进气系统或燃油系统等是否正常。

知识拓展

一、二氧化钛式氧传感器的结构

二氧化钛式氧传感器主要由二氧化钛元件、加热元件和外壳等组成，如图 2-75 所示。

二氧化钛在常温下电阻值很高，一旦周围氧气不足，其晶体内会产生很多电子，此时电阻值大大降低。二氧化钛式氧传感器正是利用这一特征检测排气中的氧含量。

二、二氧化钛氧传感器的工作原理

二氧化钛式氧传感器的工作原理是：当混合气稀时，排气中含氧量多，氧浓度高，二氧化钛电阻值高；当混合气浓时，排气中含氧量少，氧浓度低，二氧化钛电阻值降低。其电阻值的变化在理论空燃比附近发生突变，工作原理和输出信号如图 2-76 所示。

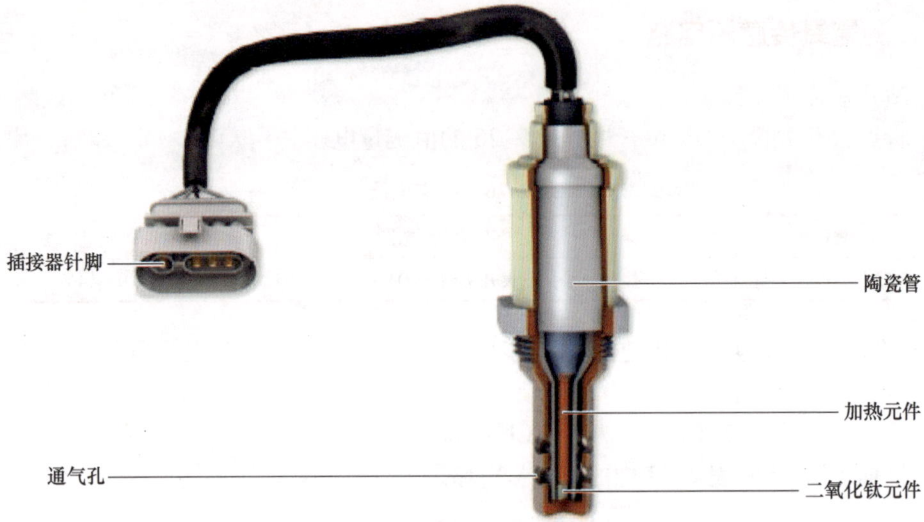

图 2-75　二氧化钛式传感器的结构

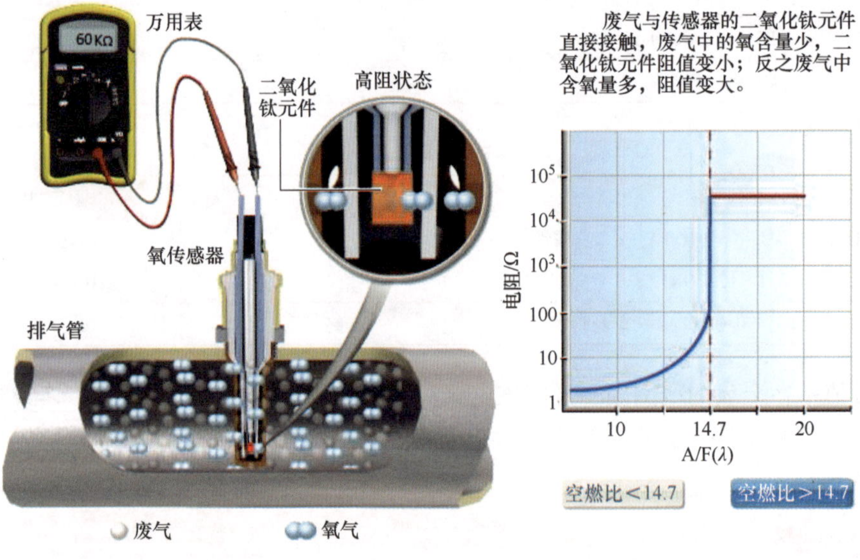

图 2-76　二氧化钛氧传感器的工作原理和输出信号

课后测评

一、填空题

1. 氧传感器用以检测________含量并以电压信号的形式传给________，ECU 用以判断可燃混合气的浓度，并对喷油量进行修正，偏稀时________喷油量，偏浓时________喷油量，使可燃混合气浓度接近________（空燃比 14.7:1）。

2. 现代汽车上一般安装有两个氧传感器，分别安装在三元催化装置的________和________，前氧传感器主要用来检测________；

后氧传感器主要用来检测____________________。

3. 常见的氧传感器有________________式和________________式两种，按氧传感器是否安装加热器进行分类，有____________氧传感器和____________氧传感器两种。

4. 当混合气稀时，排气中含氧量高，二氧化锆式氧传感器锆管内外两侧浓度差小，产生的电位差小，大约为____________V；当混合气浓时，排气中含氧量低，锆管内外两侧浓度差大，产生的电位差高，大约为____________V。

二、判断题

1. 二氧化锆式氧传感器，在稀混合气时，输出电压几乎为零；在浓混合气时，输出电压接近1V。 (　　)

2. 二氧化锆式氧传感器，在稀混合气时，输出电压接近1V；在浓混合气时，输出电压几乎为零。 (　　)

3. 二氧化锆式氧传感器产生的电压在理论空燃比时发生突变。 (　　)

4. 氧传感器是实施喷油量闭环控制的专用传感器。 (　　)

5. 所有氧传感器输出的都是电压信号。 (　　)

6. 在常温下氧传感器也能正常工作。 (　　)

7. 氧传感器传感元件的内、外表面都涂有一层金属铂，其目的是保护传感元件，避免传感元件被废气污染。 (　　)

8. 有些汽车采用前、后两个氧传感器，其后氧传感器为后备氧传感器，目的是提高发动机工作的可靠性。 (　　)

9. 含铅汽油会造成氧传感器“中毒”失效。 (　　)

三、选择题

1. 二氧化锆式氧传感器只有在____以上的温度时才能正常工作。

A. 90℃　　B. 40℃　　C. 815℃　　D. 500℃

2. 以下哪种故障现象可能与氧传感器关系不大？____

A. 发动机耗油　　B. 排气管冒黑烟　　C. 怠速发抖　　D. 加速无力

3. 氧传感器加热器电源电压一般为____。

A. 5V　　B. 8V　　C. 12V　　D. 24V

4. 氧传感器加热器电阻值一般为____。

A. 1.8～3.4Ω　　B. 20～40Ω　　C. 100～200Ω　　D. 无穷大

四、简答题

1. 画出氧传感器电源电路和与ECU的连接电路图。

2. 简述氧传感器的检测步骤。

任务八

爆燃传感器的检修

任务目标

1. 掌握爆燃传感器的安装位置、种类和作用。
2. 了解爆燃传感器的工作原理。
3. 掌握爆燃传感器信号与点火时间之间的关系。
4. 能规范地检测爆燃传感器的连接电路。

任务引入

有一位丰田卡罗拉轿车车主将车开到维修站反映，车辆行驶一段距离后发动机故障指示灯就会亮起，发动机动力不足、油耗过高，需要对车辆进行检修。

任务分析

车辆行驶一段距离后发动机故障指示灯才会亮起，说明发动机自诊断系统在刚起动的一段时间内并没有检测到故障，而是可能等到发动机暖机后才检测到故障，此类故障形式主要发生在排放控制系统或点火系统，本任务主要分析由于爆燃传感器故障造成发动机故障灯亮起、发动机动力不足、油耗过高的故障。通过对本任务爆燃传感器结构与工作原理的学习，学生能够掌握爆燃传感器及相关电路的检测方法。

相关知识

一、爆燃传感器的功用

爆燃传感器（图 2-77）的作用是感应发动机各种不同频率的振动，并将振动转化为不同的电压信号输送到 ECU。当发动机发生爆燃时，爆燃传感器感应到此变化并产生较大的振幅信号，当 ECU 接收到该信号后对点火提前角进行修正，使其保持最佳，从而实现点火提前角的闭环控制。

图 2-77　爆燃传感器

扫一扫

爆燃的产生

二、爆燃传感器的安装位置

如图 2-78 所示，爆燃传感器一般安装在发动机气缸体一侧的中部位置，四缸发动机一般安装 1～2 个爆燃传感器。

图 2-78　爆燃传感器的安装位置图

三、爆燃传感器的类型

爆燃传感器按发动机缸体振动频率的检测方式不同，可分为共振型和非共振两种；按爆燃传感器结构不同，分为压电式和磁致伸缩式两种，如图 2-79 所示。

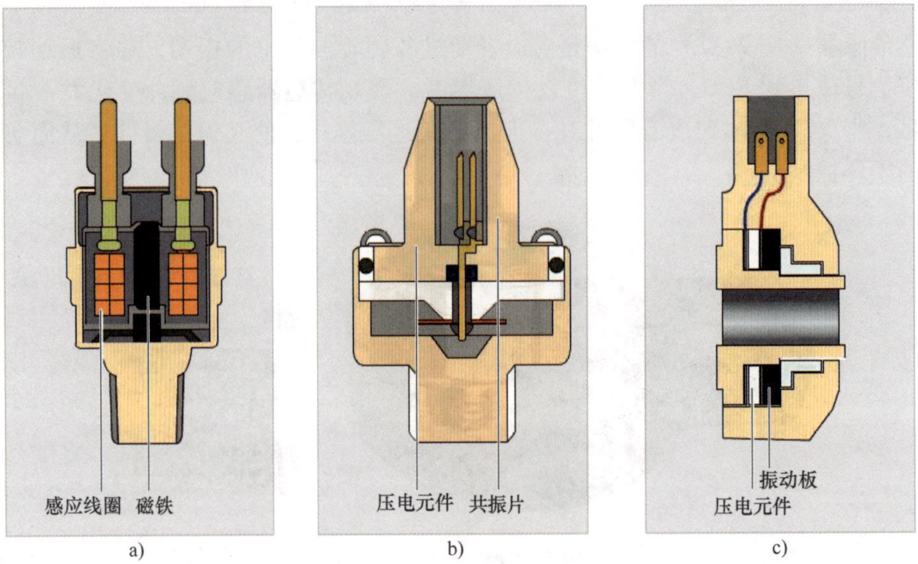

图 2-79　各种类型的爆燃传感器

a）磁致伸缩式爆燃传感器　b）共振型压电式爆燃传感器　c）非共振型压电式爆燃传感器

四、非共振型压电式爆燃传感器的结构

非共振型压电式爆燃传感器主要由压电陶瓷、振动板、基座和压板等组成，如图 2-80 所示，压电元件安装在振动板和基座之间，三者之间可以很好地贴合。

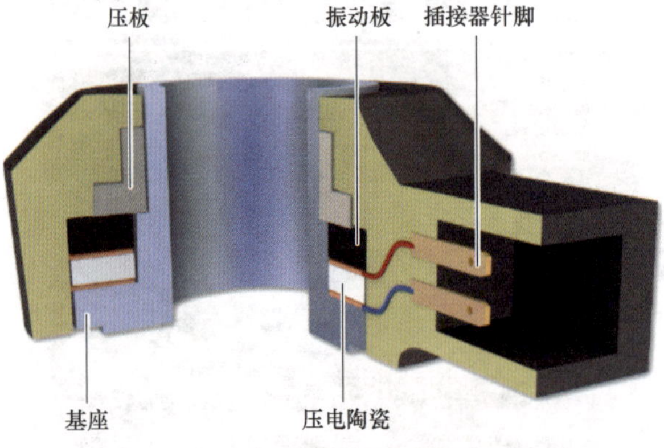

图 2-80　非共振型压电式爆燃传感器结构图

五、非共振型压电式爆燃传感器的工作原理

压电效应：某些晶体（如石英）薄片在受到压力作用之后，其两极之间就会产生电压，

而且电压与所受压力的大小成正比，这一现象被称为压电效应，产生压电效应的晶体薄片也被称为压电元件。压电式爆燃传感器就是根据压电效应原理制成的。

爆燃传感器安装在发动机机体上，当发动机机体产生振动时，传感器的振动板随之振动，其振动力作用在压电元件上，使压电元件产生相应的电压，电压的幅值和频率随振动状态的变化而变化，如图 2-81 所示，当发动机发生爆燃时，传感器信号电压的幅值和频率都会增大，如图 2-82 所示，ECU 则可以通过幅值的异常或频率的异常来判断发动机的爆燃情况，当检测到发生爆燃后，ECU 就会推迟点火提前的角度，直到不发生爆燃为止。

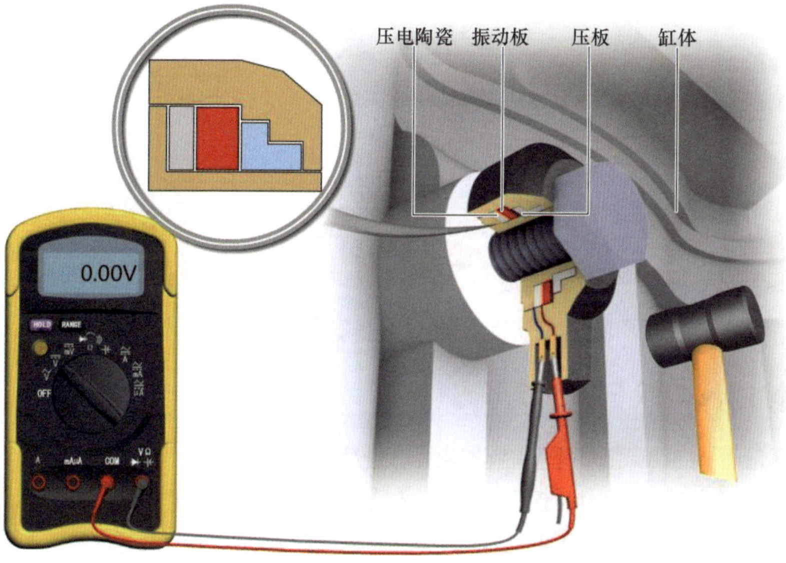

图 2-81　非共振型压电式爆燃传感器的工作原理图

爆燃传感器
工作原理

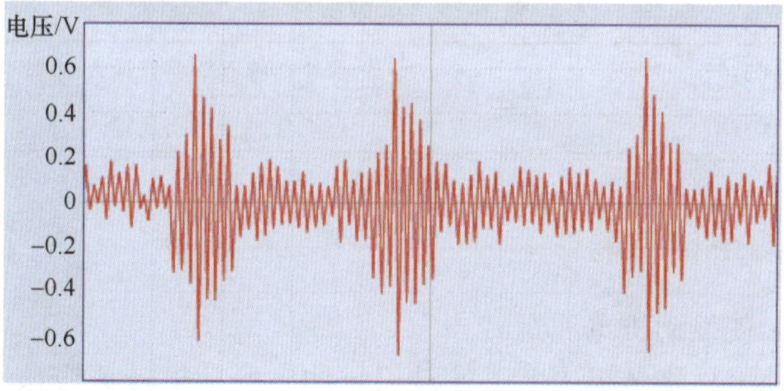

图 2-82　爆燃传感器的输出信号

六、爆燃传感器的连接电路

爆燃传感器的连接电路如图 2-83 所示。爆燃传感器无须外接电源，通过感应机体的振动就能产生信号电压，通过连接电路输送给 ECM，因此，爆燃传感器一般只有两个针脚。为了防止外界信号的干扰，一般还安装有屏蔽装置。

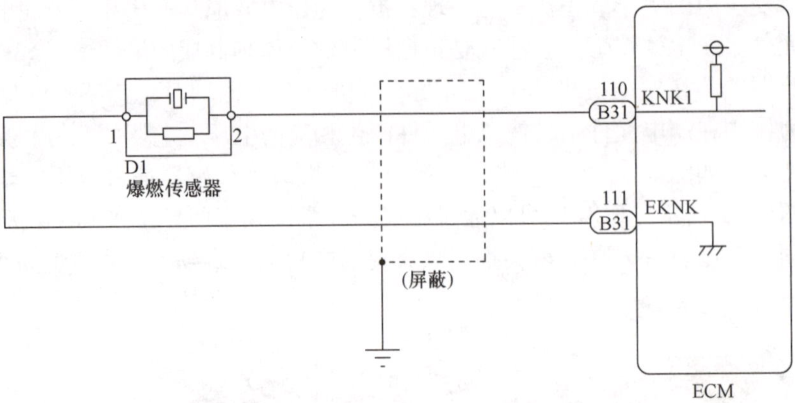

图 2-83 爆燃传感器的连接电路

任务实施

根据任务引入所述的故障现象，可以执行如下的检修步骤。

一、用汽车故障诊断仪读取 ECU 故障码

1）检查变速器档位是否处于 P 位，驻车制动器是否处于制动状态。

2）打开位于仪表板左下方的车辆诊断接口盖，将汽车故障诊断仪连接到车辆故障诊断接口。

3）起动发动机。

4）打开故障诊断仪，按指示菜单操作，进入发动机系统。

5）选择读取故障码，可能的故障码见表 2-29。

表 2-29 读取故障码

P0327	爆燃传感器电路低输入
P0328	爆燃传感器电路高输入

二、就车检查爆燃传感器

1）起动发动机，使发动机怠速运转。

2）用扳手或其他金属物体敲击一下发动机缸体，发动机转速应该马上有轻微下降然后又马上恢复，此现象说明爆燃传感器在起作用，爆燃传感器及其线路基本没有问题；反之，说明爆燃传感器或线路出现故障，应检查爆燃传感器或线路是否存在问题。

3）检查爆燃传感器连接线路是否松动或连接是否异常等。

三、检测爆燃传感器

1）断开爆燃传感器插接器。

2）选用合适的工具（10mm 套筒、棘轮扳手），正确组合工具拆下固定螺栓，然后拆下

爆燃传感器。

3）选用数字万用表，调整到欧姆档，将红黑表笔互测，检查万用表的测量误差；将红黑表笔分别连接到爆燃传感器的两个端子上，读取并记录万用表数据；如图 2-84 所示。在 20℃时，标准电阻为 120 ~ 280kΩ（丰田车系），若测得的数据与标准不符合，则更换爆燃传感器。

4）按照拆卸相反的顺序安装爆燃传感器，紧固爆燃传感器固定螺栓时，转矩为 20N · m。

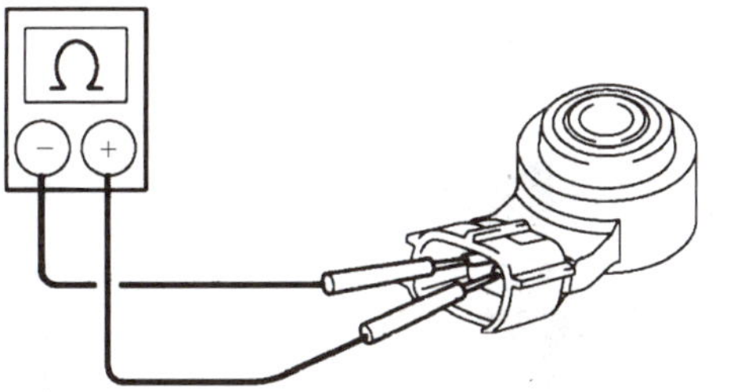

图 2-84　爆燃传感器的检测

四、检测爆燃传感器电路

1）断开爆燃传感器插接器插头。

2）断开蓄电池负极端头，并断开 ECU 插接器。

3）按表 2-30 和表 2-31 中的值测量爆燃传感器到 ECU 的连接电路。

表 2-30　标准电阻（断路检查）

检测仪连接	条　件	规定状态
D1-2—B31-110（KNK1）	始终	小于 1Ω
D1-1—B31-111（EKNK）	始终	小于 1Ω

表 2-31　标准电阻（短路检查）

检测仪连接	条　件	规定状态
D1-2 或 B31-110（KNK1）—车身搭铁	始终	10kΩ 或更大
D1-1 或 B31-111（EKNK）—车身搭铁	始终	10kΩ 或更大

知识拓展

一、共振型压电式爆燃传感器

共振型压电式爆燃传感器的外形和结构如图 2-85 所示，它主要由压电元件、振荡片和基座等组成。

共振型压电式爆燃传感器的振荡片随发动机的振动而振荡，压电元件随振荡片的振荡而发生变形，进而在其上产生一个电压信号。当发动机发生爆燃时气缸振动频率与传感器振荡片固有频率相符合，此时产生共振，这时，压电元件将产生最大的电压信号。

二、磁致伸缩式爆燃传感器

磁致伸缩式爆燃传感器的结构如图 2-86 所示，它主要由伸缩杆、感应线圈和磁铁等组成。

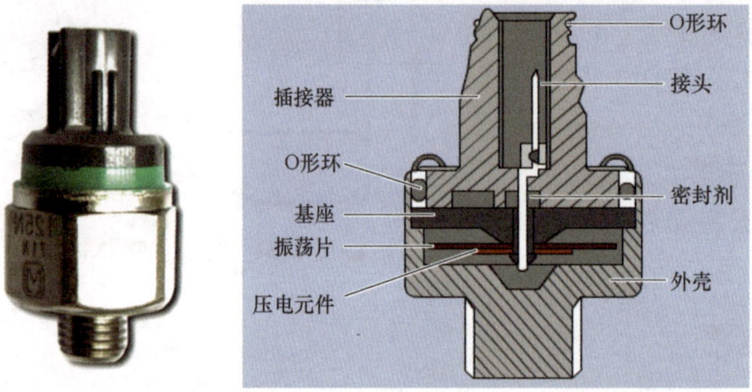

◣ 图 2-85　共振型压电式爆燃传感器的外形和结构

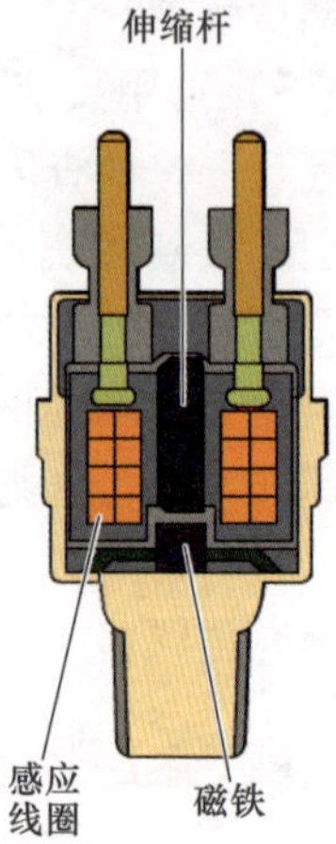

◣ 图 2-86　磁致伸缩式爆燃传感器结构

当机体振动时，伸缩杆受到机体振动的影响，在传感器内产生轴向振动，使通过感应线圈的磁通发生变化，在感应线圈中产生感应电动势，此电动势即是爆燃传感器输出的电压信号。传感器输出的电压信号的大小与发动机振动的频率有关，当发动机发生爆燃时，传感器的输出电压将达到最大值。ECU 根据传感器的输出电压，就可以对发动机是否爆燃做出判断。

课后测评

一、填空题

1. 爆燃传感器主要感应发动机各种不同________________，并将振动转化为不同的电压信号输送到____________，作为________________控制的修正信号。

2. 爆燃传感器一般安装在_______________，四缸发动机一般安装____________个爆燃传感器。

3. 爆燃传感按发动机缸体振动频率的检测方式不同，可分为________________和________________两种。

4. 压电式共振型爆燃传感器中，当发生爆燃时，压电元件将____________信号转变为____________信号输送给 ECU。

二、判断题

1. 爆燃传感器信号不会对喷油量产生影响。（　　）

2. 爆燃传感器一旦发生故障，发动机会产生持续爆燃，从而造成发动机严重损坏。（　　）

3. 爆燃传感器用于对点火提前角进行闭环控制。（　　）

4. 爆燃传感器发生故障时，发动机将不能起动。（　　）

5. 拆下或更换发动机爆燃传感器时，传感器的固定力矩应在规定值内。（　　）

6. 对于共振型爆燃传感器而言，发动机爆燃时，输出的电压最小。（　　）
7. 点火提前角过大，会使爆燃倾向减小。（　　）
8. 爆燃传感器工作时需要工作电源。（　　）

三、选择题

1. 下列哪一个传感器能向 ECU 输入爆燃信号。

   A. 氧传感器　B. 缸序判别传感器　C. 爆燃传感器　D. 大气压力传感器

2. ECU 根据____信号对点火提前角实行反馈控制。

   A. 冷却液温度传感器　B. 曲轴位置传感器

   C. 爆燃传感器　D. 车速传感器

3. 爆燃传感器检测发动机是否产生爆燃的方法是____。

   A. 检测发动机燃烧压力的变化　B. 检测混合气燃烧噪声的变化

   C. 检测发动机缸体振动状态的变化　D. 检测发动机功率的变化

4. 爆燃传感器中压电元件所承受的压力增大时，所产生的电压将____。

   A. 增大　B. 减小　C. 增大后变小　D. 不变

四、简答题

1. 画出爆燃传感器与 ECU 的连接电路图。

2. 简述爆燃传感器的检测步骤。

项目三 / Project 3

燃油供给系统

任务一

燃油供给系统的检修

任务目标

1. 掌握燃油供给系统的组成。
2. 掌握燃油供给系统各元件的安装位置、作用和工作原理。
3. 规范地检查燃油压力、燃油泵及其控制电路。
4. 会排除与燃油供给系统相关的故障。

任务引入

有一位丰田卡罗拉轿车车主开车到维修站，反映最近车辆行驶无力，发动机怠速时抖动，油耗明显增加，需要检修。

任务分析

引起车辆行驶无力和发动机怠速时抖动的原因有很多，既有汽车机械方面的故障，又有汽车控制系统方面的故障；机械方面的故障又可分为发动机方面的故障和底盘行驶系统方面的故障；控制系统方面的故障又可分为发动机燃油喷射方面的故障和点火控制方面的故障等。本任务主要分析燃油供给系统的故障造成车辆行驶无力、怠速抖动。通过对本任务燃油供给系统组成、作用和工作原理的学习，学生能够排除发动机燃油供给系统方面的故障。

相关知识

一、燃油供给系统的作用

燃油供给系统的作用是为发动机提供所需的清洁的压力燃油。当发动机运行时，发动机控制单元根据空气流量信号、发动机转速信号及其他信号，计算出发动机燃烧所需要的燃油量，并在合适的时刻发出喷油信号，打开喷油器，向进气道或气缸内喷射适量的燃油，并与空气混合，供给发动机运行。

二、燃油供给系统的组成与工作原理

燃油供给系统一般由电动燃油泵、燃油压力调节器、燃油滤清器、喷油器、燃油分配管和燃油箱等组成，如图 3-1 所示。目前，一些车辆还采用了新型无回油燃油供给系统，在该系统中取消了燃油压力调节器和回油管路。

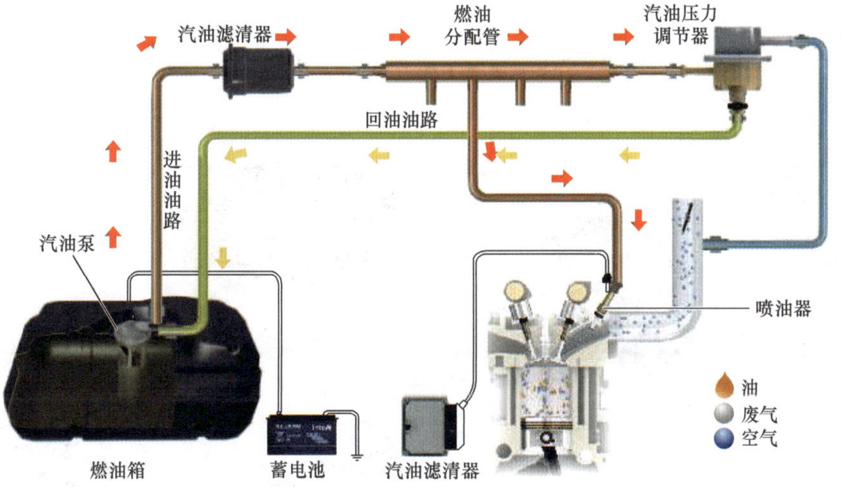

图 3-1　燃油供给系统的组成

发动机工作时，汽油泵将汽油从燃油箱泵出，经燃油滤清器过滤后，再经燃油压力调节器调压，将压力调整到比进气管压力高出约 250kPa 的压力，然后经输油管配送给各个喷油器，喷油器根据 ECU 发来的喷射信号，把适量汽油喷射到进气歧管中。当油路压力超过规定值时，压力调节器工作，将多余的汽油经回油管流回燃油箱中。

1. 电动燃油泵

（1）作用　电动燃油泵的作用是将燃油从燃油箱内吸出，为发动机燃油供给系统提供压力燃油。

（2）类型

1）按燃油泵的安装位置可分为外装式和内装式两种。

① 外装式：电动燃油泵安装在燃油箱外低于燃油箱的位置，在大排量汽车上常作为第二级增压泵。

② 内装式：电动燃油泵安装在燃油箱内，淹没在燃油中，现已被广泛采用。

2）按电动燃油泵的结构分类。泵体是电动燃油泵泵油的主体，根据其结构的不同大致可以分为涡轮式、滚柱式和齿轮式三种，如图 3-2 所示。现代汽车几乎全部采用齿轮式或涡轮式电动燃油泵。

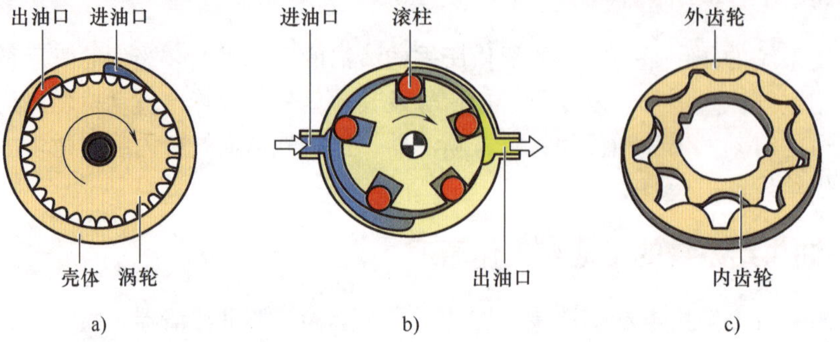

图 3-2 电动燃油泵的类型

a）涡轮式 b）滚柱式 c）齿轮式

（3）结构 涡轮式电动燃油泵由永磁式电机（转子、永久磁铁、壳体、换向器）、涡轮、止回阀、限压阀（也称安全阀）和滤网等组成，如图 3-3 所示。

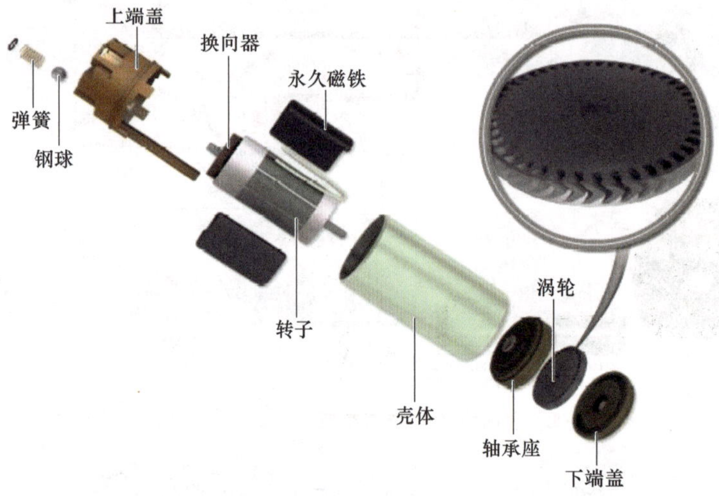

图 3-3 涡轮式电动燃油泵的结构图

扫一扫

涡轮式电动燃油泵工作原理

电动燃油泵的电机部分包括固定在外壳上的永久磁铁和产生电磁力矩的电枢（转子）以及安装在外壳上的电刷装置。电刷与电枢上的换向器相接触，其引线连接到外壳上的接柱上，将控制电动燃油泵的电压引到电枢绕组上。电动燃油泵的外壳两端卷边铆紧，使各部件组装成一个不可拆卸的总成。

（4）工作原理 涡轮式电动燃油泵的工作原理如图 3-4 所示，当外部电路向电动燃油泵供电时，电动燃油泵工作，永磁电机带动涡轮旋转，将汽油从进油口吸入，汽油经电动燃油泵内部，再从出油口压出，给燃油供给系统供油。电动燃油泵的转速和泵油量由外加电压决定，通常情况下为恒定值。

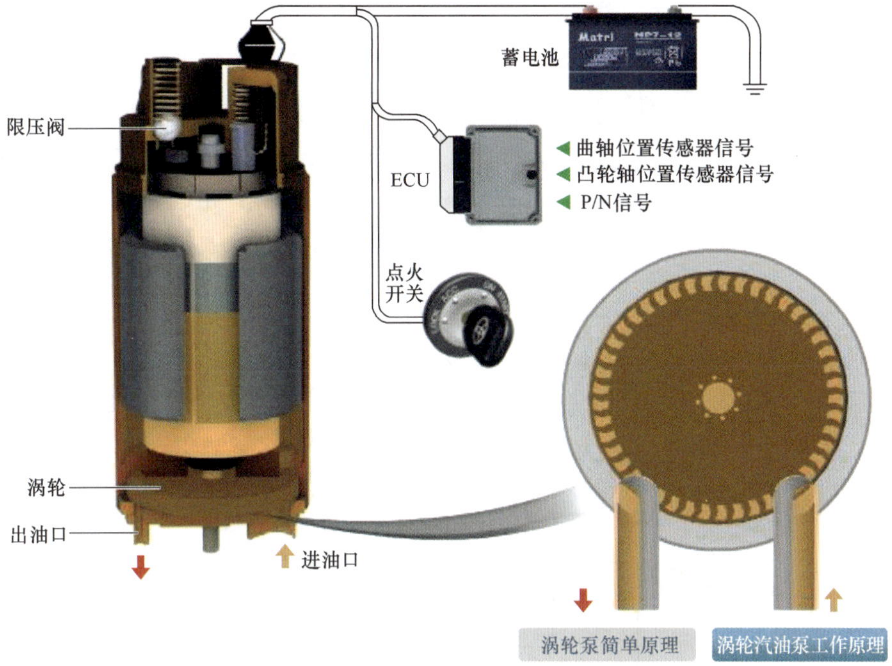

图 3-4　电动燃油泵工作原理图

涡轮旋转时，涡轮内的汽油随同一起高速旋转，出油口处的油压增高，进油口处油压降低，从而使汽油从进油口处吸入，从出油口流出。

在电动燃油泵的出油口处设有一个止回阀，可以在发动机熄火后，防止燃油倒流，以保持燃油供给系统有一定的残余压力，便于下次起动。

在电动燃油泵的出油口旁边设有一个限压阀，可以在燃油滤清器或高压管路堵塞等意外情况发生时，打开而泄压，从而保护直流电机。

在电动燃油泵的进油口处安装有一个滤网，可防止杂质进入燃油泵造成卡死或密封不良。

（5）控制电路　电动燃油泵的控制电路如图 3-5 所示。

当发动机起动时，电流从点火开关的端子 ST1 流向起动机继电器线圈并流向 ECU 的端子 STA（STA 信号），此时 Tr 接通，电流将流向 C/OPN 继电器（也称燃油泵继电器）线圈，继电器触点接通，给燃油泵提供电源，从而使燃油泵工作。当产生 Ne 信号（发动机转速信号）后，ECU 将保持 Tr 继续接通，从而燃油泵也保持连续运转；直到驾驶人熄火，NE 信号消失，Tr 截止，燃油泵继电器断开，燃油泵停止运转。

2. 燃油压力调节器

（1）作用　燃油压力调节器（图 3-6）的作用就是调节燃油压力，使喷油器上、下压差保持恒定。因为在电控燃油喷射系统中，ECU 通过控制喷油器的打开时间就可实现对喷油量的控制。因此，要保证燃油喷射量的精确控制，在喷油器的结构尺寸一定时，必须保持恒定的喷油压差。由于进气管内的气体压力是随发动机转速和负荷的变化而变化的，要保持恒定的喷油压差，必须根据进气管内压力的变化来调节燃油压力，使分配油管内的油压随进气总管压力的变化而变化。

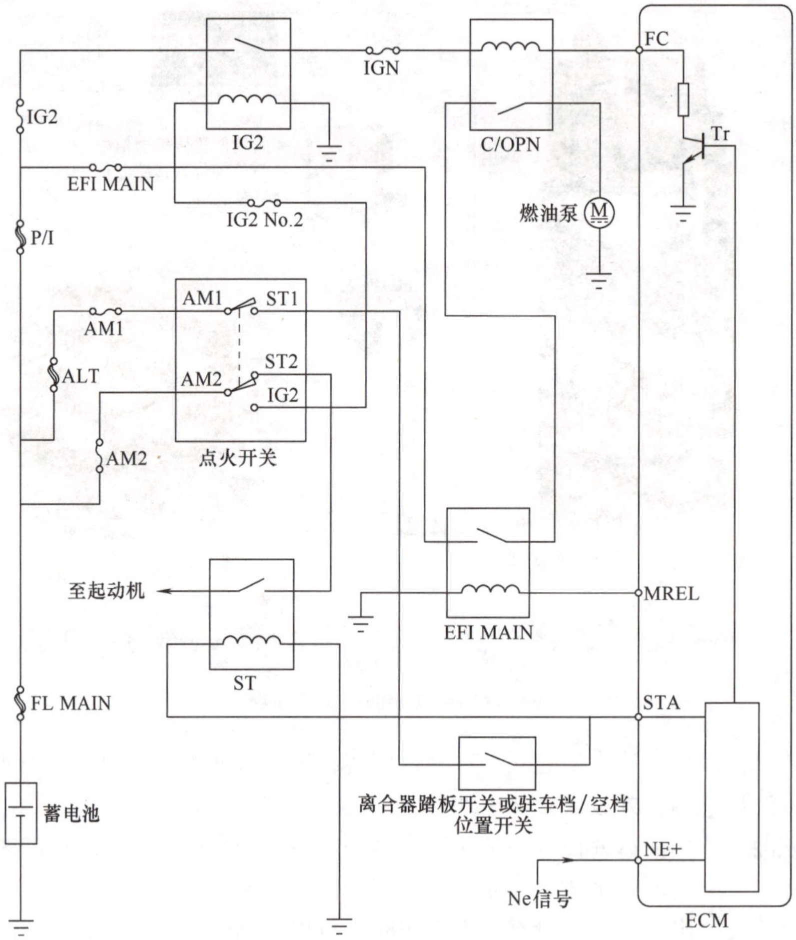

▶ 图 3-5　电动燃油泵的控制电路

（2）结构　燃油压力调节器通常安装在输油管的一端，其结构如图 3-7 所示，主要由膜片、弹簧、回油阀和壳体等组成。膜片将调节器壳体内部分成两个室，即弹簧室和燃油室；膜片上方的弹簧室通过软管与进气管相通，膜片与回油阀相连，回油阀控制回油量。

（3）工作原理　燃油压力调节器的工作原理如图 3-8 所示，当进气管内压力下降（真空度增大）时，膜片向下移动，回油阀开度增大，回油量增多，使输油管内燃油压力下降；反之，当进气管内的压力升高时，则膜片带动回油阀向上移动，回油阀开度减小，回油量减少，使输油管内燃油压力升高。

▶ 图 3-6　燃油压力调节器

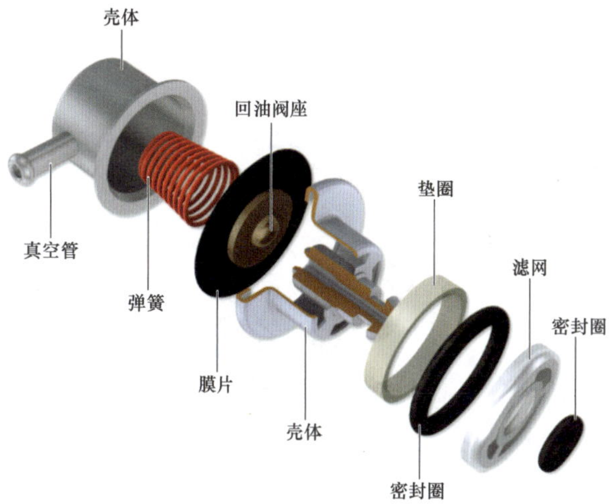

图 3-7　油压调节器的结构图

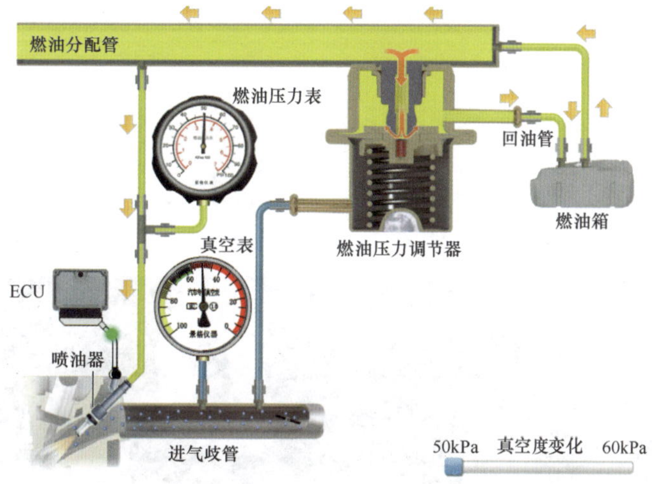

图 3-8　油压调节器的工作原理

3. 燃油滤清器

燃油滤清器（图 3-9）安装在燃油泵之后的高压油路中，其作用是滤除燃油中的杂质和水分，防止燃油系统堵塞，减小机械磨损，以保证发动机正常工作。

在发动机电控系统中，燃油供给系统一般采用的都是纸质滤芯、一次性的燃油滤清器。燃油滤清器的结构如图 3-10 所示，燃油从入口进入燃油滤清器，经过壳体内的滤芯过滤后，清洁的燃油从出口流出。

图 3-9　燃油滤清器

一般汽车每行驶 20000 ~ 40000km 或 1 ~ 2 年，应更换燃油滤清器。更换燃油滤清器时，应首先释放燃油系统压力，并注意燃油滤清器壳体上的箭头标记为燃油流动方向。

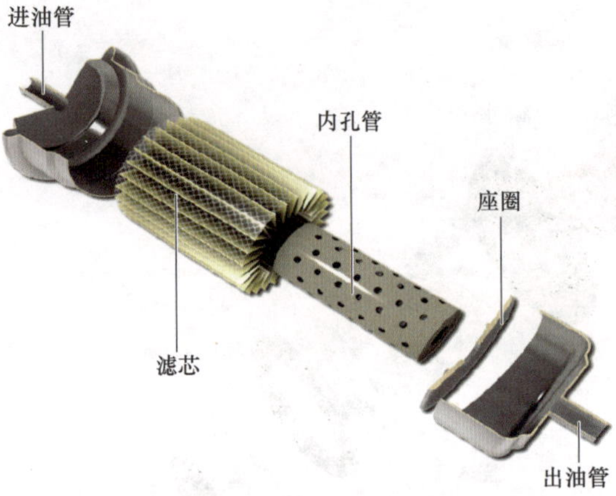

图 3-10 燃油滤清器的结构

燃油滤清器工作原理

任务实施

一、燃油系统卸压

1）用双手以合适的力度使后排座椅垫的左右挂钩分离，并拆下后排座椅垫总成。

2）从燃油泵总成上断开燃油泵插接器，如图 3-11 所示。

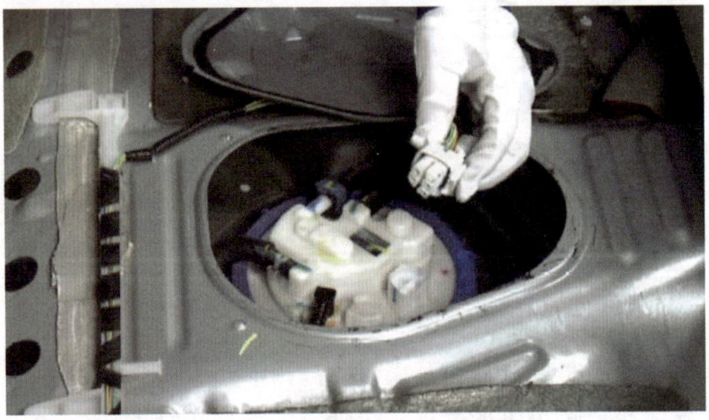

图 3-11 断开燃油泵插接器

3）检查确认变速杆是否处于 P 位，检查确认驻车制动器是否处于制动状态。

4）起动发动机，使发动机运转到自动熄火，将点火开关置于 OFF 位。

5）再次起动发动机，并确认发动机不能起动。

6）打开燃油加注盖，释放燃油箱中的压力。

7）重新连接燃油泵总成插接器。

二、检测燃油系统压力

1）卸放了燃油系统的压力后从主燃油管上断开燃油软管，如图 3-12 所示。

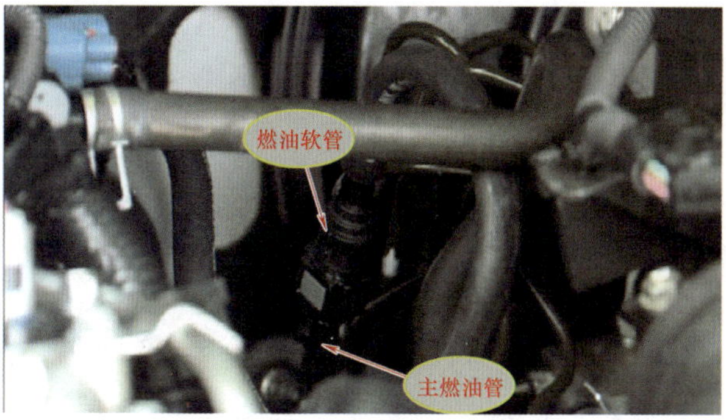

◣ 图 3-12　断开燃油软管

2）根据维修手册，选用燃油压力表；并将燃油压力表连接至燃油管路中。

3）起动发动机，测量怠速情况下的燃油压力。正常情况下丰田卡罗拉发动机怠速时燃油压力为：304～343kPa。

4）检查燃油压力后，从燃油管路上断开燃油压力表，并取下燃油压力表接头。

5）用干净的布对主燃油管进行清洁，并将燃油管重新连接到主燃油管上。

6）检查燃油是否泄漏。

三、检测电动燃油泵

电动燃油泵不工作会造成发动机不能起动，此时接通点火开关，应能从燃油箱口处听到电动燃油泵运转 2～3s 的声音；或用手捏住进油管时，能感觉到进油管的油压脉动。如果电动燃油泵不工作，按以下步骤检查。

1. 检查燃油泵控制线路

1）从仪表板熔丝盒上拆下 IGN 熔丝，如图 3-13 所示。

2）根据表 3-1 中的值测量电阻。

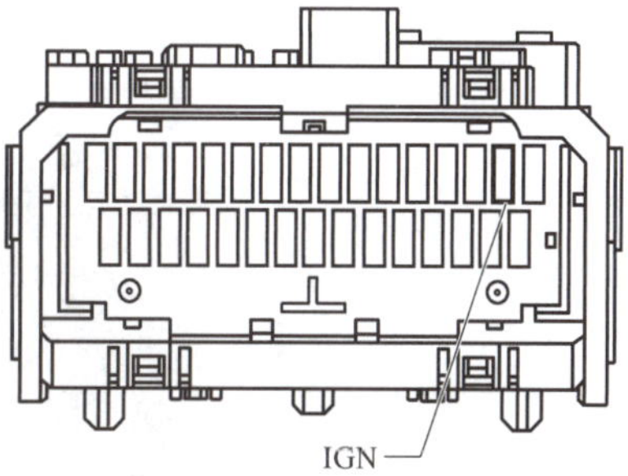

◣ 图 3-13　拆卸 IGN 熔丝

表 3-1　标准电阻

检测仪连接	条　件	规定状态
IGN 熔丝	始终	小于 1Ω

如 IGN 熔丝的值不在上表的范围内，则更换 IGN 熔丝。如正常，则进入下步检查。

3）根据表 3-2 中的值检测燃油泵继电器；

表 3-2　标准电阻

检测仪连接	条　件	规定状态
2A-8—2B-11	始终	10kΩ 或更大
	在端子 2B-10 和 2F-4 上施加蓄电池电压	小于 1Ω

如检测燃油泵继电器的值不在上表的范围内，则更换燃油泵继电器，如正常则进入下一步检查。

2. 检测电动燃油泵

1）拆卸后排座椅垫总成。

2）拆卸后地板检修孔盖，如图 3-14 所示。

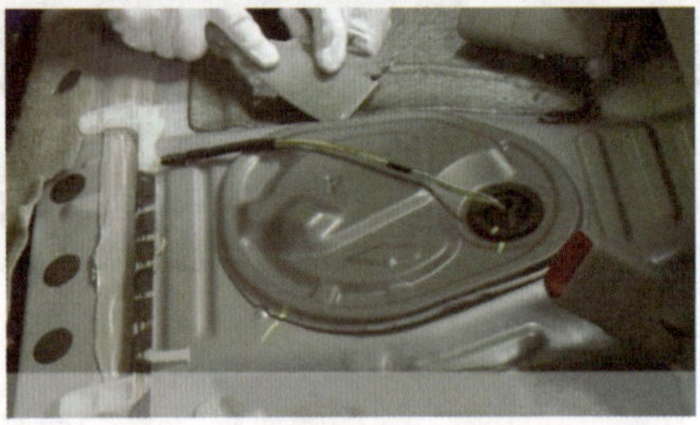

图 3-14　拆卸后地板检修孔盖

注意事项： 注意铲刀角度，防止检修孔盖变形。

3）断开燃油泵插接器。

4）燃油系统泄压。

5）拆卸燃油泵壳体上的连接管路，如图 3-15 所示。

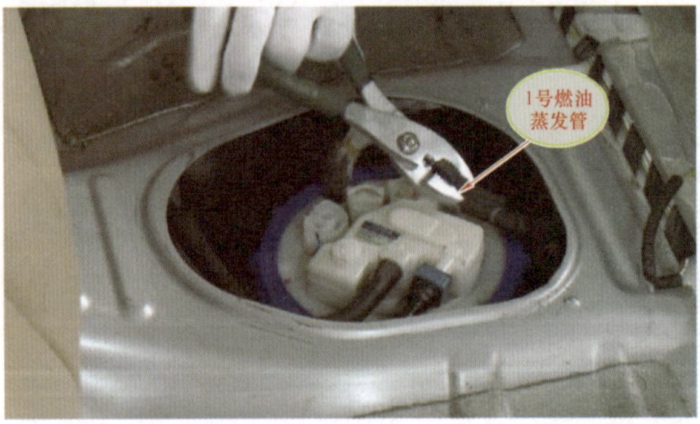

图 3-15　拆卸燃油泵连接管路

6）将专用拆装工具安装到燃油泵壳体固定圈上，正确使用工具拧松固定圈，如图 3-16 所示。

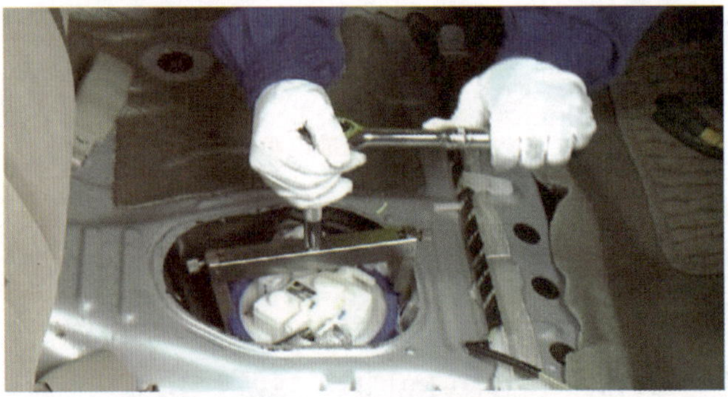

图 3-16　拧松燃油泵壳体固定圈

7）向上将燃油泵壳体总成从燃油箱中取出，放到清洁的零部件盆中；并遮挡燃油箱口，防止灰尘或异物进入燃油箱，如图 3-17 所示。

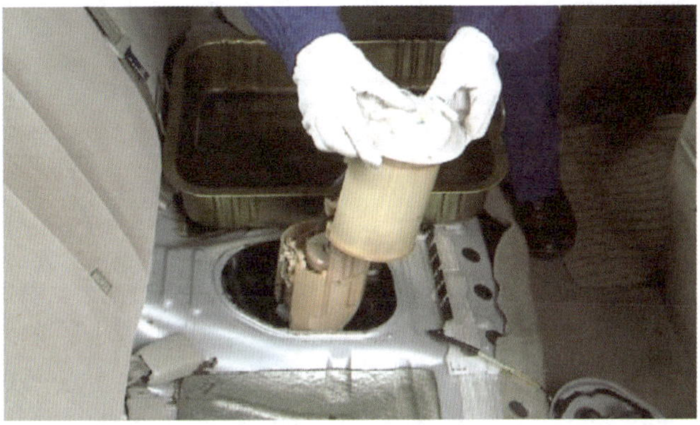

图 3-17　取出燃油泵总成

8）分解燃油泵壳体总成，如图 3-18 所示。

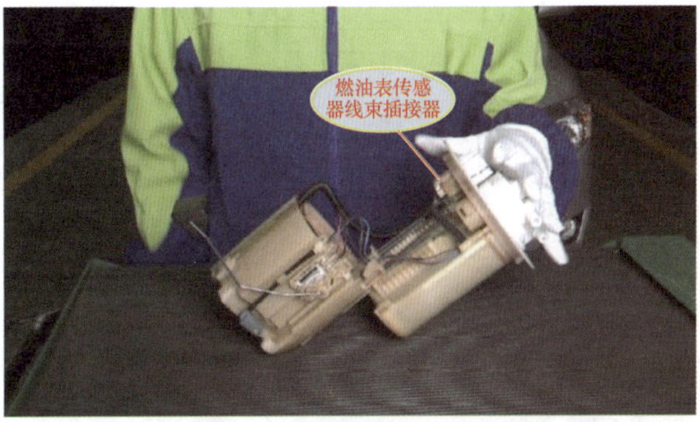

图 3-18　分解燃油泵总成

9）用数字万用表检测燃油泵两个端子之间的电阻，如图 3-19 示；20℃条件下，标准电阻应为 0.2 ~ 3.0Ω，若不符合标准，则更换燃油泵；也可在燃油泵的两个端子之间施加蓄电池电压，检查并确认燃油泵是否工作。如果电机不工作，则应更换燃油泵。

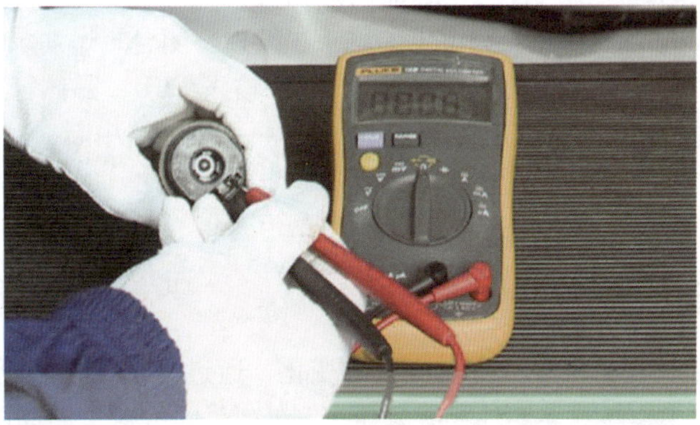

图 3-19　电动燃油泵的检测

10）安装电动燃油泵，按与拆卸相反的顺序安装电动燃油泵。

注意事项： 在对燃油系统进行检查操作时，严禁吸烟或有明火靠近。

知识拓展

一、发动机 ECU 控制的燃油泵控制电路

发动机 ECU 控制燃油泵的控制电路如图 3-20 所示。电动燃油泵继电器由点火开关和发动机 ECU 共同控制。继电器中也有两组线圈，一组线圈 L_1 直接由点火开关起动档控制，在起动发动机时使燃油泵运转；另一组线圈 L_2 由 ECU 控制，在发动机起动后使燃油泵保持运转。

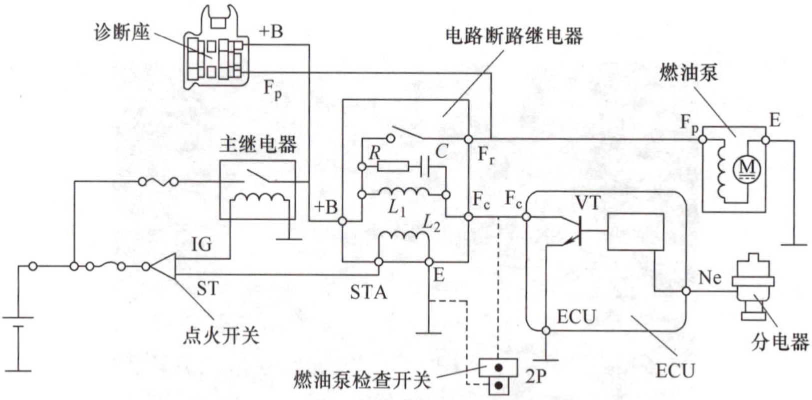

图 3-20　ECU 控制的燃油泵控制电路

当点火开关 IG 接通时，主继电器闭合，电控系统通电。此时若发动机起动，则 ST 端闭合，断路继电器线圈 L_2 通电，产生吸力，使电路断路继电器触点闭合，电源向燃油泵供电，燃油泵工作。

发动机起动运转后，发动机转速传感器转速信号 Ne 输入 ECU，ECU 内晶体管 VT 导通，继电器线圈 L_1通电，使电路断路继电器触点继续保持闭合，燃油泵继续工作。

当发动机停止工作时，发动机没有转速信号 Ne 输入 ECU，晶体管 VT 截止，断路继电器线圈 L_1 断电，使电路断路继电器触点打开，燃油泵供电线路中断，燃油泵停止工作。

在发动机起动之前，若先将点火开关由“OFF”位转至“ON”位，则 ECU 会使电动燃油泵运转 3～5s，使油路中油压升高，以利于起动。

二、具有高低速的燃油泵控制电路

此种控制电路可根据发动机转速和负荷的变化，通过燃油泵继电器改变燃油泵供电线路，从而控制燃油泵工作转速。燃油泵继电器控制的燃油泵控制电路如图 3-21 所示。

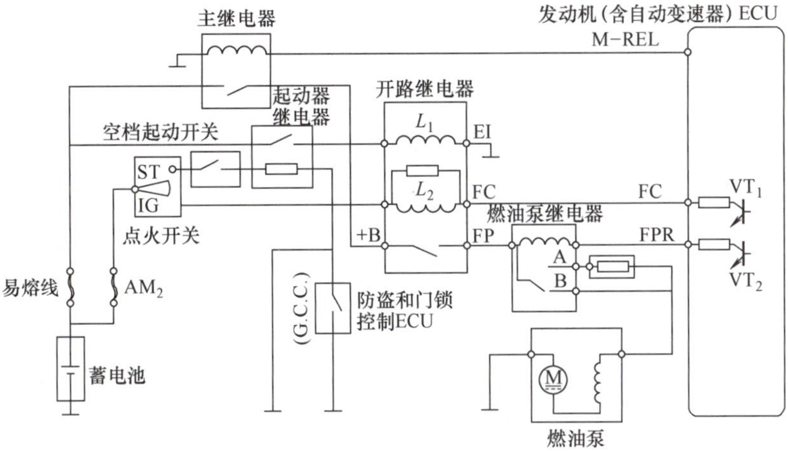

图 3-21 具有高低速的燃油泵控制电路

当点火开关接通后即通过主继电器将开路继电器的 +B 端子与电源接通，起动时开路继电器中的 L_1 线圈通电，当发动机正常运转时，ECU 中的晶体管 VT_1 导通，开路继电器中的 L_2 线圈通电，均使开路继电器触点闭合，燃油泵继电器 FP 端子与电源接通燃油泵工作。发动机熄火后，ECU 中的晶体管 VT_1 截止，开路继电器内的 L_1 和 L_2 线圈均不通电，其开关断开燃油泵电路，燃油泵停止工作。

当发动机低速、中小负荷工作时，ECU 中的晶体管 VT_2 导通，燃油泵继电器线圈通电，使触点 A 闭合，由于将电阻串联到燃油泵电路中，所以燃油泵两端电压低于蓄电池电压，燃油泵低速运转。当发动机高速、大负荷工作时，ECU 中的晶体管 VT_2 截止，燃油泵继电器触点 B 闭合，直接给燃油泵输送蓄电池电压，燃油泵高速运转。

课后测评

一、填空题

1. 燃油供给系统是为了向发动机提供适量的________________，并在合适的时刻发出喷油信号，打开____________，向进气道或气缸内喷射适量的燃油。

2. 燃油供给系统主要由____________、____________、____________、____________及油管等组成。

3. 电动燃油泵的作用是将燃油从燃油箱内吸出，为发动机燃油供给系统提供____________，其提供燃油系统压力一般为________________。

二、判断题

1. ECU 通过控制喷油器的开启持续时间来调节汽油量，因此通常总把汽油喷射压力设定成恒定值。 (　　)

2. 当发动机熄火后，燃油泵会立即停止工作。 (　　)

3. 在拆卸燃油系统内任何元件时，都必须首先释放燃油系统压力。 (　　)

4. 通过测试燃油系统压力，可诊断燃油系统是否有故障。 (　　)

5. 发动机停止工作后，供油管路仍保持有压力。（　）
6. 目前大多数电动汽油泵是装在燃油箱内部的。（　）
7. 电动燃油泵中的单向阀能起到一种保护作用，当油压过高时能自动减压。（　）
8. 燃油压力调节器作用是使燃油分配管内压力保持不变，不受节气门开度的影响。（　）
9. 拆卸电动燃油泵时，要先释放燃油系统中的压力。（　）
10. 电动燃油泵不工作时，出油阀关闭，以使燃油管内保持一定的残余压力。（　）
11. 燃油滤清器是一次性的，一般汽车每行驶 20000 ~ 40000km 或 1 ~ 2 年更换一次。（　）
12. 电动燃油泵两接线端子之间接 12V 电源，若听不到燃油泵运转声，应更换电动燃油泵。（　）

三、选择题

1. 新型无回油燃油供给系统中取消了____。

A. 燃油压力调节器　　B. 电动燃油泵　　C. 油压调节器上的真空软管

2. 电动燃油泵中的____可以使发动机熄火后油路内汽油仍保持一定压力，减少了气阻现象，使发动机高温起动容易。

A. 安全阀　　B. 止回阀　　C. 涡轮泵

3. 电动燃油泵____会导致供油压力偏低，供油量不足。

A. 安全阀漏油或弹簧失效　　B. 止回阀漏油　　C. 直流电机烧坏

4. 电动燃油泵____会导致输油管路不能建立残压。

A. 安全阀漏油或弹簧失效　　B. 止回阀漏油　　C. 直流电机烧坏

5. 电动燃油泵____会导致供油不足，电动燃油泵有时发出尖叫声。

A. 安全阀漏油或弹簧失效　　B. 止回阀漏油　　C. 直流电机烧坏

6. 使电动燃油泵工作，测量输油管路中的油压，如果油压偏高，则一般为____。

A. 燃油压力调节器工作不良

B. 电动燃油泵安全阀或电动燃油泵本身不良

C. 电动燃油泵止回阀不良

7. 使电动燃油泵工作，测量输油管路中的油压，如果油压偏低，则将燃油压力调节器回油管拆下并将接口堵住，再使电动燃油泵工作；测量输油管路中的油压，如果此时油压能达到正常值，说明____。

A. 燃油压力调节器工作不良

B. 电动燃油泵安全阀或电动燃油泵本身不良

C. 电动燃油泵止回阀不良

8. 使电动燃油泵工作，测量输油管路中的油压，如果油压偏低，则将燃油压力调节器回油管拆下并将接口堵住，再使电动燃油泵工作；测量输油管路中的油压，如果此时油压仍然偏低，说明____。

A. 燃油压力调节器工作不良

B. 电动燃油泵安全阀或电动燃油泵本身不良

C. 电动燃油泵止回阀不良

9. 燃油压力调节器的作用是____。

A. 控制喷油器的喷油压力保持恒定

B. 控制电动燃油泵供油压力保持恒定

C. 控制喷油器的喷油压力和进气歧管的绝对压力的压差保持恒定

10. 拔下燃油压力调节器上的真空软管，并用手堵住，让发动机怠速运转，测量此时的燃油压力，该压力应该比未拔下真空软管时的压力____。

A. 基本相等　　B. 明显升高　　C. 明显降低

11. 将电动燃油泵置于燃油箱内部的目的是____。

A. 便于控制　　B. 降低噪声　　C. 防止气阻

12. 起动发动机前如果点火开关位于“ON”位，电动燃油泵____。

A. 持续运转　　B. 不运转　　C. 运转 10s 后停止　　D. 运转 2s 后停止

13. 当节气门开度突然加大时，燃油分配管内油压____。

A. 升高　　B. 降低　　C. 不变　　D. 先降低再升高

14. 电控燃油喷射系统中，多点喷射系统的压力一般为____。

A. 7～103KPa　　B. 7～690kPa　　C. 62～69kPa　　D. 207～275kPa

15. 进行燃油压力检测时，按正确的工序应该首先____。

A. 断开燃油活性炭罐管路

B. 将燃油压力表连到电控燃油喷射系统的回流管路上

C. 在将燃油压力表连接到燃油系统上以前先将管路中的压力卸掉

D. 拆下燃油系统的燃油管

四、简答题

1. 简述燃油供给系统的组成和各元件的作用。

2. 简述如何测量燃油系统的油压。

3. 简述燃油压力调节器的作用。

4. 对照丰田卡罗拉燃油泵控制电路，简述燃油泵不工作的诊断思路。

任务二

喷油器的检修

任务目标

1. 了解喷油器的结构及工作原理。
2. 熟悉喷油器故障及对整个电控系统的影响。
3. 掌握喷油器的检测方法。
4. 会检测喷油器的控制电路和波形。

任务引入

有一位丰田卡罗拉轿车车主将车开到维修站，反映发动机故障指示灯常亮，且车辆行驶无力，发动机怠速时严重抖动，需要维修。

任务分析

引起发动机故障指示灯亮，且车辆行驶无力和发动机怠速时严重抖动的原因也有很多，但从症状上总体分析，主要可能还是由于发动机缺缸工作造成的，造成发动机工作时缺缸的原因主要在发动机各个气缸喷油或点火方面，本任务主要分析由于喷油器的故障造成发动机故障指示灯亮、车辆行驶无力、怠速严重抖动。通过对本任务的学习，学生能够掌握电控燃油喷射系统喷油器的组成、作用和工作原理等，能排除喷油器及相关电路方面的故障。

相关知识

一、喷油器的作用

电控燃油喷射系统的执行元件是喷油器，如图 3-22 所示。喷油器的作用是根据 ECU 的指令，将燃油雾状喷入进气歧管末端。

二、喷油器的类型

1）按喷油器的结构分类，可分为轴针式喷油器和轴孔式喷油器。

2）按喷油器的阻值分类，可分为高阻值喷油器（电阻为 13～16Ω）和低阻值喷油器（电阻为 2～3Ω）。

3）按喷油器的驱动方式分类，可分为电流驱动方式和电压驱动方式两种。

图 3-22　喷油器

三、喷油器的结构

喷油器一般由壳体、电磁线圈、回位弹簧、衔铁、针阀和滤网等组成，图 3-23 为轴针式喷油器结构。其优点是针阀前端的轴针伸入喷孔，可使燃油以环状喷出，有利于雾化，且由于轴针在喷口中不断运动，故喷孔不易堵塞；缺点是燃油雾化质量稍差，且由于针阀质量较大，因而动态响应性较差。

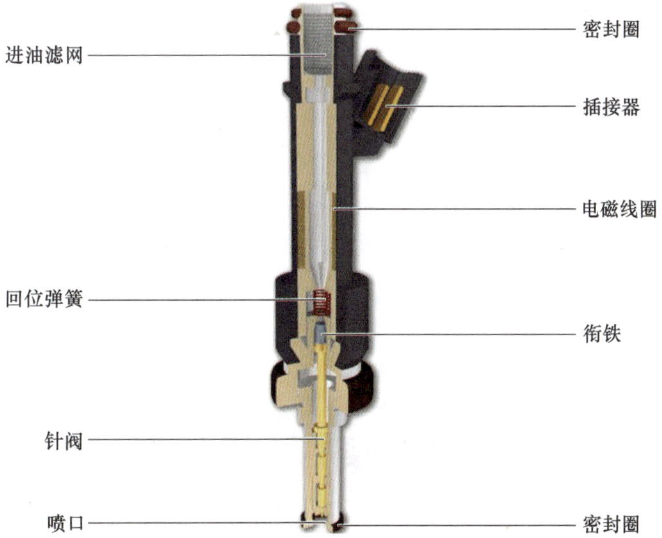

图 3-23　喷油器的结构图

四、喷油器的工作原理

喷油器实际上是一个电磁阀，针阀与衔铁制成一体随衔铁一起移动。当电磁线圈通电后，衔铁被吸起（针阀升程约为0.1mm），高压汽油便从喷孔喷射出去，如图3-24所示；当电磁线圈断电后磁力消失，针阀被弹簧压紧在阀座上，汽油因此被密封在油腔内。喷油量取决于ECU给喷油器通电的时间。

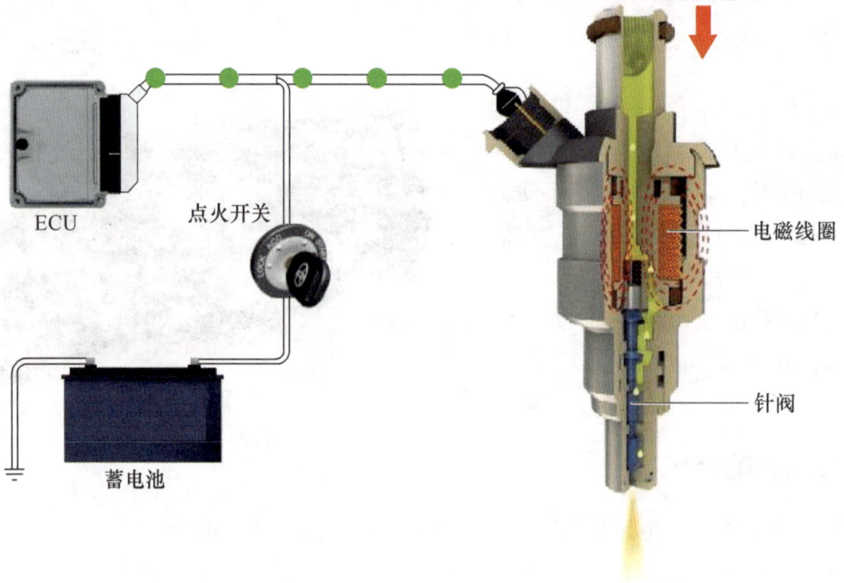

图3-24　喷油器的工作原理图

五、喷油器的连接电路

丰田卡罗拉发动机喷油器的连接电路如图3-25所示。当点火开关置于ON位时，IG2号继电器触点吸合，为4个喷油器提供12V的电源，4个喷油器分别受ECM内功率晶体管控制搭铁。

六、喷射时间的控制

喷油器喷油量的多少取决于喷油压力和打开的时间，由于喷油器前后压力差通过燃油压力调节器维持恒定，因此发动机ECU只需要控制喷射时间即可控制喷油量，喷射时间越长，喷油量越多。

喷射时间由两部分组成：喷射时间 = 基本喷射时间 + 校正喷射时间。

基本喷射时间：由发动机的进气量和转速确定，进气量越大、转速越低，基本喷射时间越长。

校正喷射时间：包括起动加浓校正、预热加浓校正、空燃比反馈校正、加速加浓校正、燃油切断控制、功率加浓校正、进气温度校正等，如图3-26所示。

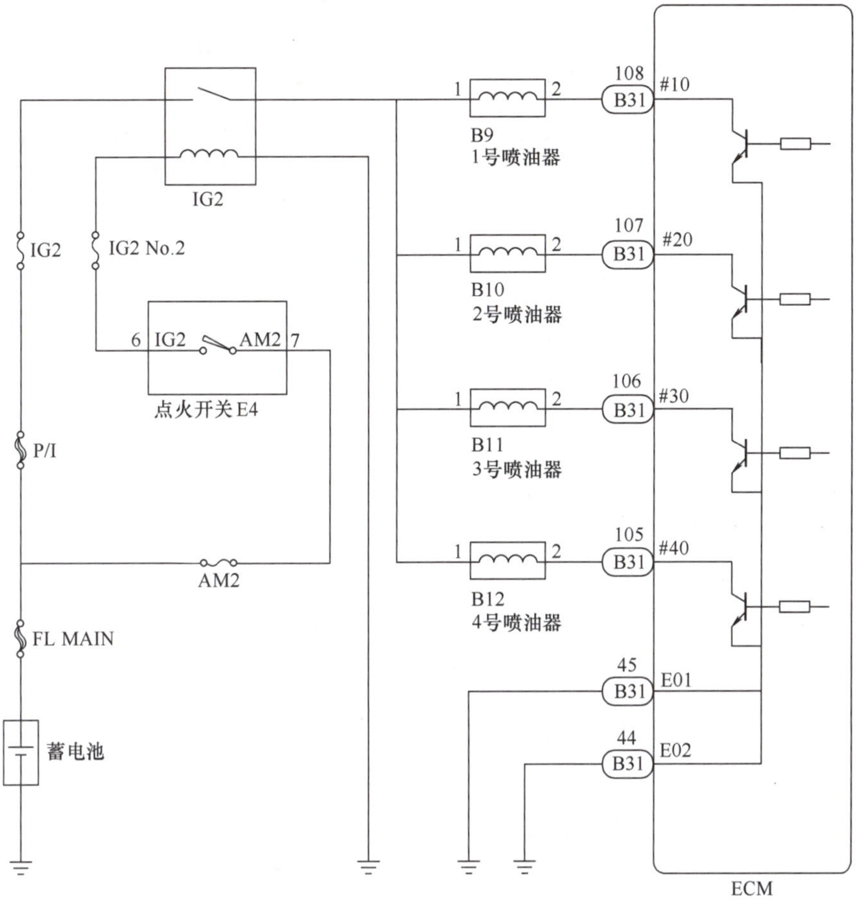

图 3-25　喷油器的连接电路图

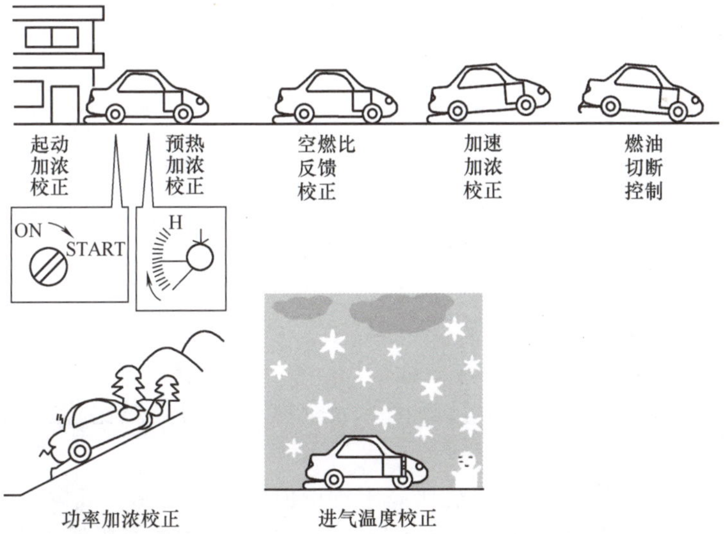

图 3-26　各种校正喷射时间

1. 起动加浓校正

由于起动时发动机的转速和进气量变化较大，难以用转速和进气量来确定喷油量，因此，起动时的燃油喷射时间一般由冷却液温度来决定。

冷却液温度由冷却液温度传感器来检测。冷却液温度越低，燃油的雾化性越差，喷射时间越长，从而得到越浓的混合气，如图 3-27 所示。

图 3-27　起动加浓校正

2. 预热加浓校正

在冷机起动后，由于发动机还未达到正常工作温度，燃油不容易雾化，喷油量需要适当增加，从而获得较浓混合气，因此，发动机 ECU 将增加燃油喷射时间。随着冷却液温度的升高，燃油喷射时间的增加量逐步减少，如图 3-28 所示。

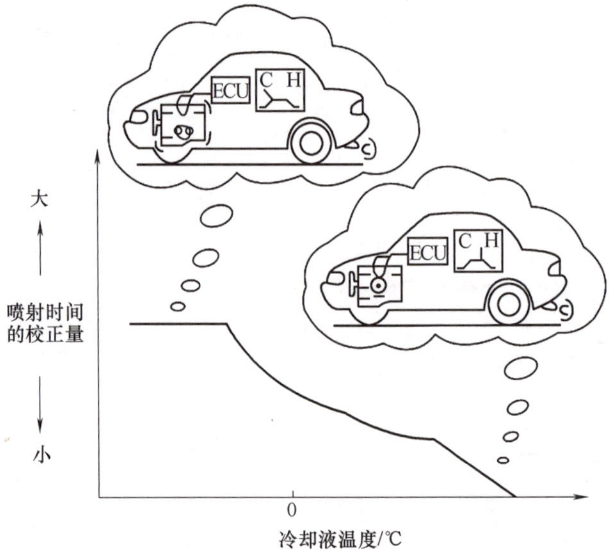

图 3-28　预热加浓校正

3. 空燃比反馈校正

空燃比：混合气中空气与燃料的重量之比。空燃比越大，表明混合气越稀；空燃比越小，表明混合气越浓。空气与燃料都正好完全燃烧时的空燃比称为理论空燃比（约为 14.7）。

如果氧传感器检测的信号反映空燃比高于理论值，则说明混合气偏稀，ECU 将增加喷射时间，从而使混合气变浓；如果从氧传感器检测的信号反映空燃比低于理论值，则说明混合气偏浓，ECU 将减少喷射时间，从而使混合气变稀。如此循环，确保空燃比保持在理论值附近（这种控制方式称为闭环控制），如图 3-29 所示。

为保证发动机运转良好和满足行驶的需要，空燃比反馈校正在以下情况下停止工作（即进行开环控制）。

1）发动机起动时。

2）起动后加浓时。

3）功率加浓时。

4）当冷却液温度低于预定值时。

5）当燃油切断时。

6）当氧传感器持续无信号超过一定时间时。

4. 加速加浓校正

在汽车突然加速时，特别是在突然加速的开始阶段，由于燃料供应的增加滞后于进气量的增加，造成混合气瞬时变稀，有可能引起发动机暂时熄火或燃烧不良，使汽车产生加速不良现象。为了避免出现这一问题，在汽车突然加速时，发动机 ECU 会瞬时延长燃油喷射时间，增加喷油量，以防止混合气瞬时偏稀。

加速加浓的多少取决于节气门开度的变化速度：节气门开启越快，加浓校正越多，如图 3-30 所示。

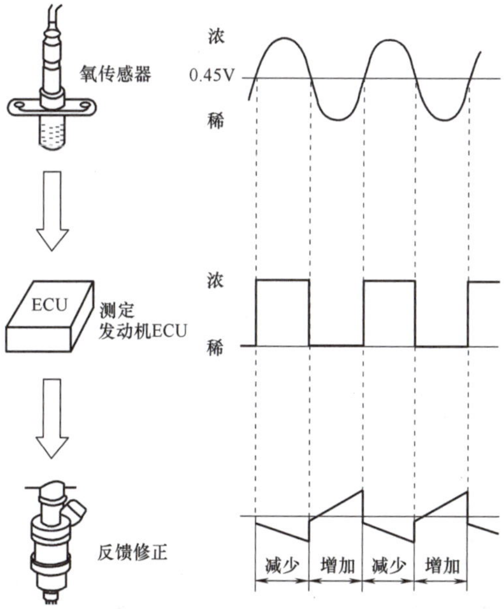

图 3-29　空燃比反馈控制

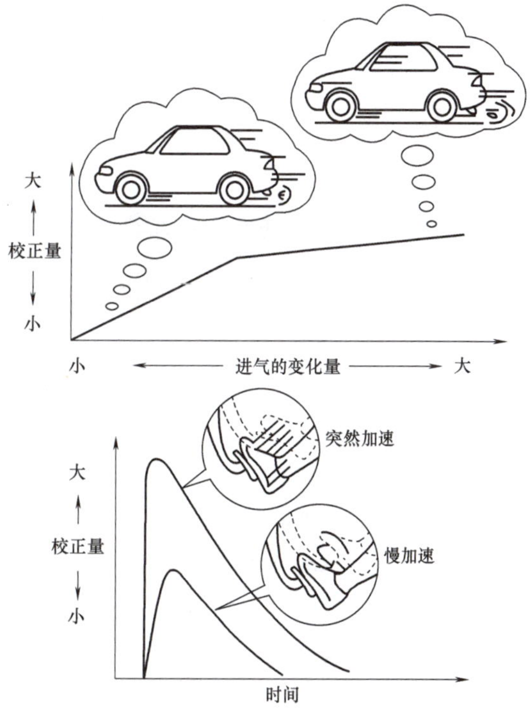

图 3-30　加速加浓校正

5. 燃油切断控制

在减速过程中，为了减少有害气体的排放和增加发动机的制动效果，ECU 将根据减速的具体条件停止燃油喷射。

ECU 对减速状态的判断取决于节气门的开度和发动机转速，当节气门关闭且发动机转速较高时，ECU 就判定汽车在减速，并进行燃油切断控制，停止燃油喷射；当发动机转速低于另一个预定值或者节气门重新开启时，将重新开始燃油喷射。

6. 功率加浓校正

在高负荷情况下，比如当汽车在爬陡峭的山路时，发动机需要发出较大的功率，此时混合气稍浓一些则比较有利，为此，ECU 将适当增大喷油量。

ECU 对功率负荷（也称大负荷）的判断依靠是节气门的开度、发动机的转速和进气量。

7. 进气温度校正

由于空气密度随空气温度的变化而变化，因此，需要根据进气温度对喷油量进行校正，即根据进入气缸中的空气温度来增加或减少燃油的量。

进气温度由进气温度传感器进行检测。发动机 ECU 将空气温度设定为标准值 20℃：当进气温度低于标准值时，空气密度增加，校正量也随之增加；当进气温度高于标准时，空气密度降低，校正量也随之减少，如图 3-31 所示。

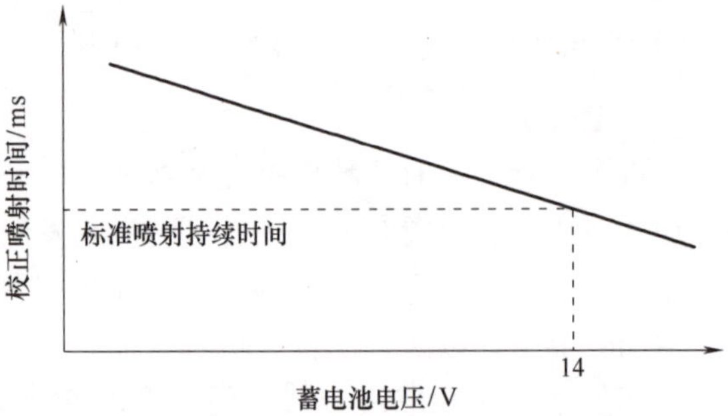

图 3-31　进气温度校正

任务实施

根据任务引入所述的故障现象，可以执行如下的检修步骤。

一、用汽车故障诊断仪读取 ECU 故障码

1）检查变速器档位是否处于 P 位，驻车制动器是否处于制动状态。

2）打开位于仪表板左下方的车辆诊断接口盖，将汽车故障诊断仪连接到车辆故障诊断接口。

3）起动发动机。

4）打开故障诊断仪，按指示菜单操作，进入发动机系统。

5）选择读取故障码，可能的故障码见表 3-3。

表 3-3　读取故障码

P0300	检测到多个气缸缺火
P0301	检测到 1 缸缺火
P0302	检测到 2 缸缺火
P0303	检测到 3 缸缺火
P0304	检测到 4 缸缺火

二、检测喷油器

起动发动机，采用听诊器检查喷油器的脉动声，如果听不到喷油器工作的声音，可用 LED 试灯接在喷油器导线插接器上，如果在起动发动机时试灯能亮，说明喷油器控制系统工作正常，喷油器有故障，应清洗或更换，步骤如下。

1. 喷油器的拆卸

1）首先释放燃油系统压力。

2）依次断开四个喷油器的插接器。

3）拆下燃油管卡夹，使用燃油管拆卸专用工具，并在听到“咔”的一声后脱开燃油输入管。

4）选用合适的工具拆下输油管的两个固定螺栓，并取下输油管和两个输油管隔垫。

5）从燃油输油管中依次取下四个喷油器，并在喷油器上按顺序进行编号。

6）依次拆下四个喷油器隔振垫，并对喷油器安装孔进行遮挡，防止异物进入进气歧管。

2. 喷油器的检查

1）用万用表测量喷油器两个端子的阻值，如图 3-32 所示，标准阻值为 13～16Ω。

2）向喷油器的两个端子通 12V 电压，此时可听到接通和断开的“嗒嗒”声。此项试验，通电时间应不大于 4s，再次试验应间隔 10s 以上，以防喷油器发热损坏。

3）用测试仪检查喷油器是否发生堵塞、发卡、滴漏和雾化不良等现象，如图 3-33 所示。

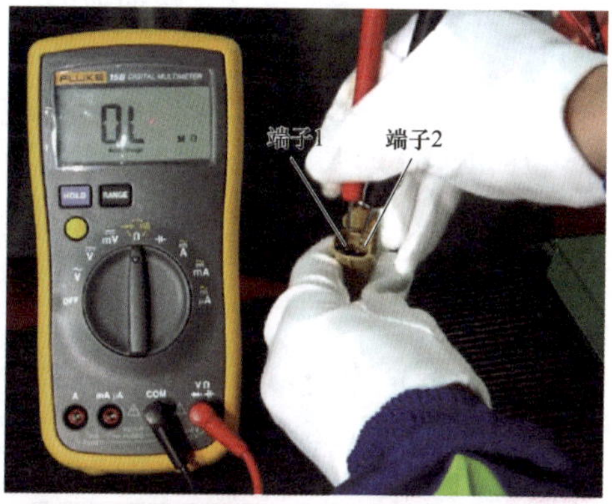

图 3-32　喷油器的测量

图 3-33　喷油器的检查

3. 喷油器的安装

按与拆卸相反的顺序安装喷油器及其相关的部件。

注意事项：

安装好喷油器和各部件后起动发动机，保持怠速运转1～2min后，检查输油总管和发动机主燃油软管的连接处有无燃油泄漏，检查喷油器安装位置有无燃油泄漏，如果燃油泄漏，必须更换相关的密封圈或部件。

三、检测喷油器相关电路

起动发动机，采用听诊器检查喷油器的脉动声，如果听不到喷油器工作的声音，可用LED试灯接在喷油器导线插接器上，如果在起动发动机时试灯不亮，说明喷油器控制系统或控制线路有故障。应检查喷油器的电源、ECU接线是否连接良好。如果外部电路都正常，则可能是ECU内部故障。检查步骤如下：

1）断开故障气缸喷油器的插接器，将点火开关置于ON位，测量喷油器电源电压，标准电压值见表3-4。

表3-4　标准电压

检测仪连接	开关状态	规定状态
B9-1—车身搭铁	点火开关置于ON位	9～14V
B10-1—车身搭铁	点火开关置于ON位	9～14V
B11-1—车身搭铁	点火开关置于ON位	9～14V
B12-1—车身搭铁	点火开关置于ON位	9～14V

如测量电压不在上表的范围内，说明该缸喷油器到熔丝的电路存在断路故障，如电压正常则进行下一步的检查。

2）拆下蓄电池负极端头，断开ECU插接器，测量电路，参考值见表3-5和表3-6。

表3-5　标准电阻（断路检查）

检测仪连接	条　件	规定状态
B9-2—B31—108（#10）	始终	小于1Ω
B10-2—B31—107（#20）	始终	小于1Ω
B11-2—B31—106（#30）	始终	小于1Ω
B12-2—B31—105（#40）	始终	小于1Ω

表3-6　标准电阻（短路检查）

检测仪连接	条　件	规定状态
B9-2或B31-108（#10）—车身搭铁	始终	10kΩ或更大
B10-2或B31-107（#20）—车身搭铁	始终	10kΩ或更大
B11-2或B31-106（#30）—车身搭铁	始终	10kΩ或更大
B12-2或B31-105（#40）—车身搭铁	始终	10kΩ或更大

如故障气缸喷油器的电路测量值不在上表的范围内，则维修或更换该缸喷油器到ECU的连接电路，如测量值在上表的范围内，则可能是ECU内部存在故障，可更换ECU进行替换试验。

四、检测喷油器喷油波形

用示波器连接喷油器的信号端，检测喷油器的波形，标准波形如图3-34所示。从喷油波形图上可知，发动机怠速时喷油时间一般为3～5ms；当喷油器断电时，喷油器电磁线圈产生的自感电动势可达100V左右。

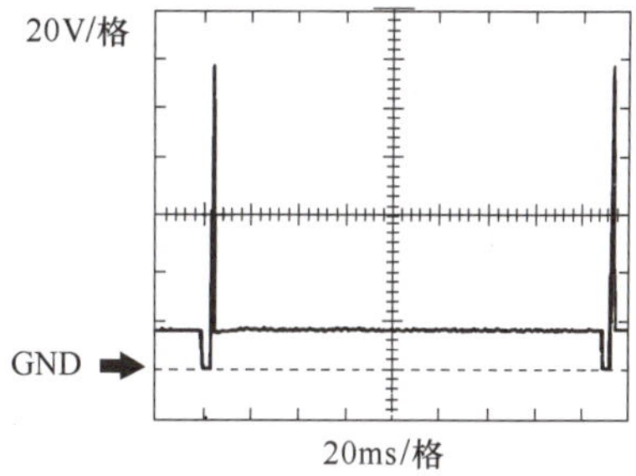

图3-34 喷油波形图

知识拓展

一、喷油器的驱动方式

喷油器按其电磁线圈的电阻值大小又可分为低电阻喷油器（2～3Ω）和高电阻喷油器（13～16Ω）两种。喷油器的阻值不同，其驱动电路也不同。喷油器的驱动电路有电压驱动式和电流驱动式两种。低阻值喷油器可以用电压驱动，也可以用电流驱动；高阻值喷油器则只能用电压驱动。

1. 电压驱动方式

所谓电压驱动式电路，就是指通过控制喷油器的工作电压来控制喷油器工作的电路。在电压驱动式电路中，使用高电阻喷油器时，可将蓄电池电压直接加在喷油器上；而使用低电阻喷油器时，则应在电路中串入附加电阻，将蓄电池电压分压后加在喷油器上。因为低电阻喷油器电磁线圈的匝数少、电阻小、电流大、发热快，易烧坏电磁线圈，串入附加电阻可以保护低电阻喷油器。喷油器的电压驱动电路如图3-35所示。

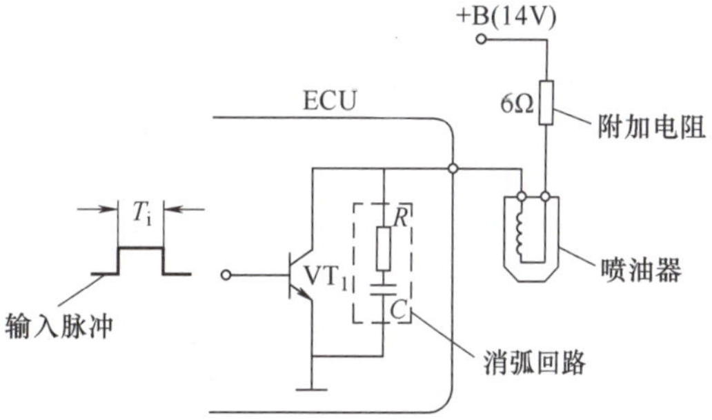

图3-35 喷油器电压驱动电路

电压驱动方式中的喷油器驱动电路较简单，但因其回路中的阻抗大，喷油器的喷油迟滞时间长。其中，电压驱动的高阻值喷油器的喷油迟滞时间最长，电压驱动的低阻值喷油器次之，电流驱动的喷油器迟滞时间最短。

2. 电流驱动方式

所谓电流驱动式是指ECU开始用一个较大的电流（8A），使电磁线圈产生较大的吸力，保证喷油器具有良好的响应性，然后用较小的电流（2A）使针阀保持在开启状态，以防止喷油器线圈发热，减少功率的消耗。这种驱动方式一般用于低电阻型喷油器，如图3-36所示。

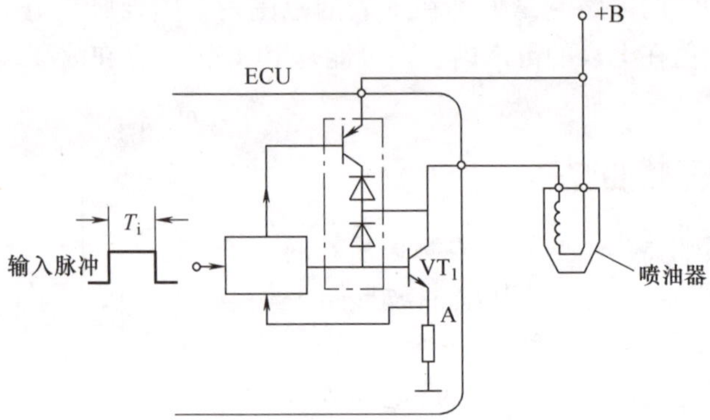

图 3-36　喷油器电流驱动电路

ECU 中的喷油器驱动电路使晶体管 VT_1 导通，流过喷油器线圈的电流在 VT_1 发射极电阻上产生电压降，当 A 点的电压达到设定值时，喷油器驱动电路使 VT_1 截止。当蓄电池电压为 14V 时，流过喷油器线圈的峰值电流为 8A ，喷油器针阀达到最大升程后，保持这一稳定、静止状态的电流为 2A。在此过程中，VT_1 以 20Hz 频率导通或截止，即电压变化频率为 20Hz。

在喷油器电流驱动回路中，由于无附加电阻，回路的阻抗小，ECU 向喷油器发出执行命令时，流过喷油器线圈的电流迅速增加，电磁线圈产生的磁力使针阀开启快，喷油迟滞时间缩短，响应性更好。喷油器针阀的开启时刻总是比 ECU 向喷油器发出指令的时刻晚，此时间即称为喷油器喷油迟滞时间（或无效喷油时间）。

二、喷油器的控制电路

发动机工作时，各种传感器将检测到的信息送往 ECU，ECU 经运算判断后输出控制信号，控制功率晶体管的导通与截止。但是，由于各缸的燃油有独立喷射、分组喷射和同时喷射三种喷射方式，相应的控制电路也存在一定的差别。

1. 独立喷射

由于各缸喷油器按照发动的工作顺序进行独立喷射，控制各喷油器的功率晶体管也相互独立，ECU 中功率晶体管及控制回路的数量等于喷油器的数量，如图 3-37 所示。

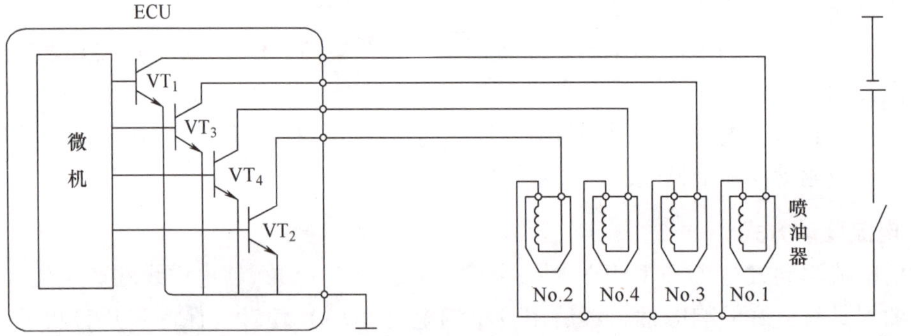

图 3-37　独立喷射式喷油器控制电路

2. 分组喷射

由于各缸喷油器进行分组喷射，同组内的喷油器同时喷射燃油，因此，同组内的喷油器可以由同一个功率晶体管进行控制，如图 3-38 所示。

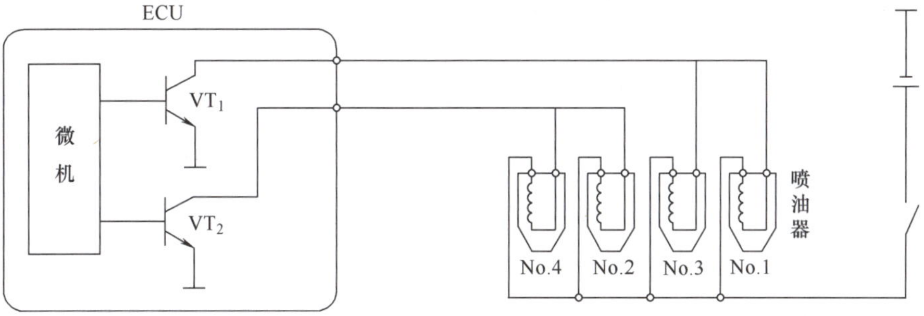

图 3-38　分组喷射式喷油器控制电路

3. 同时喷射

由于所有喷油器同时喷油，因此，所有喷油器可以由同一个功率晶体管进行控制，ECU 内只需要设置一个功率晶体管即可，如图 3-39 所示。

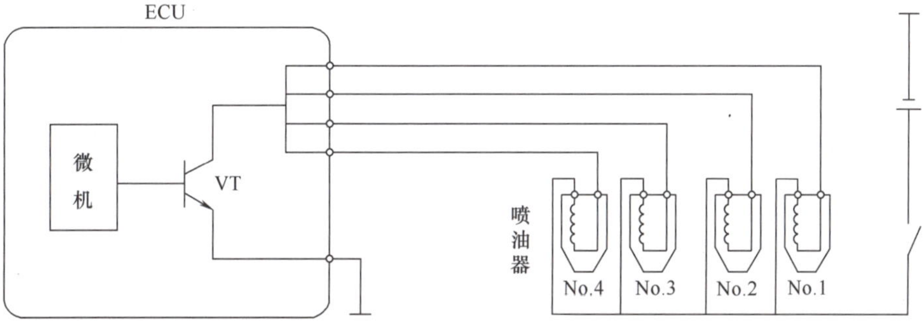

图 3-39　同时喷射式喷油器控制电路

课后测评

一、填空题

1. 喷油器的作用是根据__________的指令，将燃油____________________。

2. 喷油器按阻值进行分类，可分为__________喷油器，其电阻为________________；________________喷油器，其电阻为________________。

3. 喷油器的结构和喷油压力一定时，喷油量的多少取决于__________。

二、判断题

1. 发动机所要求的汽油喷射量，是根据加给喷油器通电时间的长短来控制的。（　　）

2. 高电阻喷油器与电压驱动方式配合使用。（　　）

3. 低电阻喷油器既可与电压驱动方式配合使用，也可与电流驱动方式配合使用。（　　）

4. 喷油器是一次性使用件，只允许清洗而不能拆开修理。 ( )
5. 电流驱动方式只适用于高阻值喷油器。 ( )
6. 喷油器是发动机电控燃油喷射系统中的重要执行器。 ( )
7. 为保证喷油器正常工作，应定期清洗喷油器。 ( )

三、选择题

1. 在空燃比控制过程中可用（ ）监测混合气的浓度，一旦检测到混合气浓的信号，就控制减少喷油量；反之，增加喷油量。

A. 氧传感器　　B. 空气流量传感器

C. 爆燃传感器　　D. 节气门位置感

2. 当结构确定后，电磁喷油器的喷油量主要决定于（ ）。

A. 喷油脉宽（喷油时间）　　B. 点火提前角　　C. 工作温度

3. 对喷油量起决定性作用的是（ ）。

A. 空气流量传感器　　B. 冷却液温度传感器

C. 氧传感器　　D. 节气门位置传感器

四、简答题

1. 画出喷油器的电源和控制电路图。

2. 简述喷油器的检测步骤。

项目四 / Project 4

点火系统

任 务

点火系统的检修

任务目标

1. 掌握点火系统的基本组成及工作原理。
2. 掌握点火系统各元件的安装位置及作用。
3. 能规范地检测点火系统各部件及其控制电路。
4. 会分析并能排除发动机点火系统的故障。

任务引入

有一位丰田卡罗拉轿车车主开车到维修站，反映发动机故障指示灯常亮，且车辆行驶无力，发动机怠速时严重抖动，需要检修。

任务分析

引起发动机故障指示灯亮，且车辆行驶无力和发动机怠速时严重抖动的原因也有很多，但从症状上总体分析，主要可能还是由于发动机缺缸工作造成的，造成发动机缺缸工作的原因主要在发动机各个缸喷油或点火方面，本任务主要分析由于点火系统的故障造成发动机故障指示灯亮、车辆行驶无力、怠速严重抖动。通过对本任务的学习，学生能够掌握点火系统的组成、作用和工作原理等，能排除点火系统方面的故障。

相关知识

一、点火系统的作用

汽油发动机正常工作的三要素：良好的可燃混合气；足够高的气缸压缩压力；正确的点火时刻及强烈的火花。点火系统的功用是在气缸内适时、准确、可靠的产生电火花，以点燃可燃混合气，使汽油发动机实现做功，点火系统如图 4-1 所示。

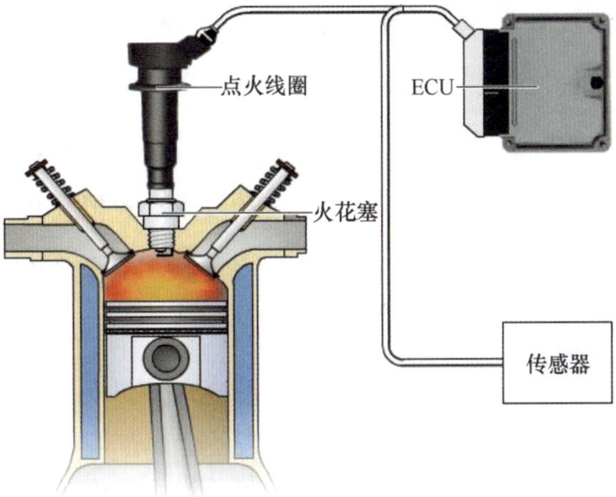

图 4-1　点火系统

二、发动机点火正时

1. 发动机对点火正时（点火提前角）的控制要求

为了使发动机保持在最理想的工作状态，要求点火正时能够随工况的变化而变化，要求发动机 ECU 总是按照最佳点火正时的要求控制点火正时，为此，发动机 ECU 内部都会有类似于图 4-2 所示的点火正时脉谱图。

影响最佳点火正时的因素主要有以下 4 个方面：

（1）发动机转速　转速升高时，燃烧所占的曲轴转角增大，点火正时应随之提前；反之，转速降低时，点火正时应随之推后，如图 4-2 所示。

（2）发动机负荷　负荷增大时，进气量增大，新鲜混合气密度增加，燃烧加快，点火正时应随之推后；反之，负荷减小时，点火正时应随之提前，如图 4-2 所示。

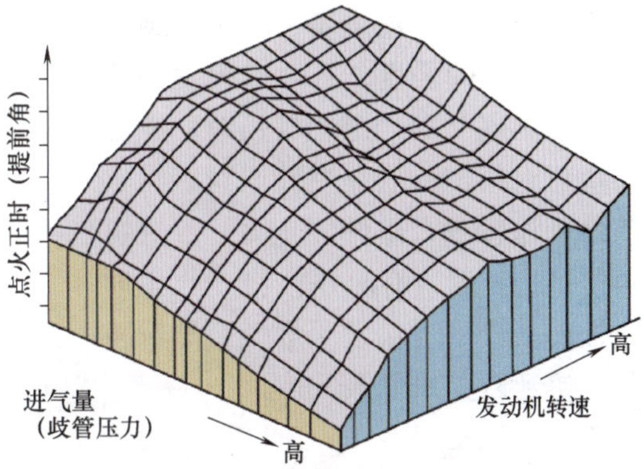

图 4-2　点火正时脉谱图

（3）爆燃　爆燃是由于燃烧过程末端

混合气的自燃造成的。轻微的爆燃可以改善燃油经济性和动力性，但过度爆燃会产生多方面的不利影响，比如燃油消耗增大、动力下降、发动机过热等。

当点火提前角增大时，产生爆燃的倾向也增大。因此，当发动机产生持续爆燃时，应逐步减小点火提前角，爆燃消除后，再逐步复原点火提前角。在一般情况下，发动机处于爆燃与不爆燃的临界状态时，动力性能最佳。

（4）发动机冷却液温度　发动机冷却液温度较低时，燃烧较慢，要求点火正时适当提前。

2. 发动机对点火正时的控制方式

发动机 ECU 对点火正时的控制主要分为两个阶段：起动时点火控制和起动后点火控制。

（1）起动时点火控制　起动发动机时，由于转速及进气流量极不稳定，ECU 很难通过计算来确定最佳点火正时。因此，往往会以固定的点火正时（初始点火提前角）进行点火，此时的点火提前角一般不超过 10°。

（2）起动后点火控制　即发动机起动后正常运转时的点火控制。此时的点火提前角（点火正时）由初始点火提前角、基本点火提前角和校正点火提前角三个部分组成。

点火提前角 = 初始点火提前角 + 基本点火提前角 + 校正点火提前角。

初始点火提前角：发动机设计制造时固定的角度。

基本点火提前角：由 ECU 根据发动机负荷和转速参照图 4-2 所示的脉谱图计算得出。

校正点火提前角：

① 预热校正：当发动机冷却液温度太低时，点火提前角需要适当提前。

② 过热校正：当发动机冷却液温度过高时，为了防止发生爆燃或进一步过热，点火提前角需要适当推后。

③ 怠速稳定性校正：怠速时，如果发动机的转速偏离了目标值，ECU 将会通过适当调节点火提前角的方式稳定转速，如当转速低于目标值时，ECU 会使点火适当提前；如转速高于目标值时，ECU 会将点火适当推后。

④ 爆燃校正：发动机出现爆燃时，ECU 会根据爆燃传感器信号的大小或频率来判断爆燃的强度，并对点火提前角进行适当延迟。如当爆燃较强时，点火提前角延迟较多；当爆燃较弱时，点火提前角延迟较少；爆燃停止时，点火提前角便停止延迟，有时还会将点火正时稍微提前，直到再次发生爆燃，然后再重新开始延迟，如图 4-3 所示。

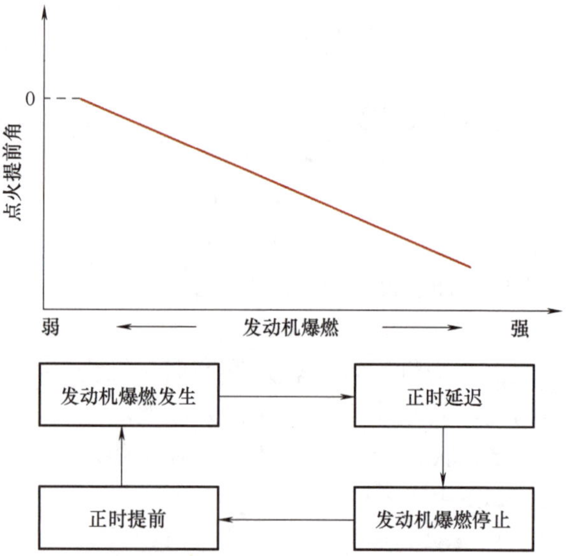

图 4-3　点火提前角的爆燃校正

三、点火系统的类型

随着汽车电子技术的高速发展，汽油发动机点火系统经历了由传统点火系统、电子点火系统到微机控制点火系统三个阶段，如图4-4所示。现代汽车都采用微机控制的点火系统。

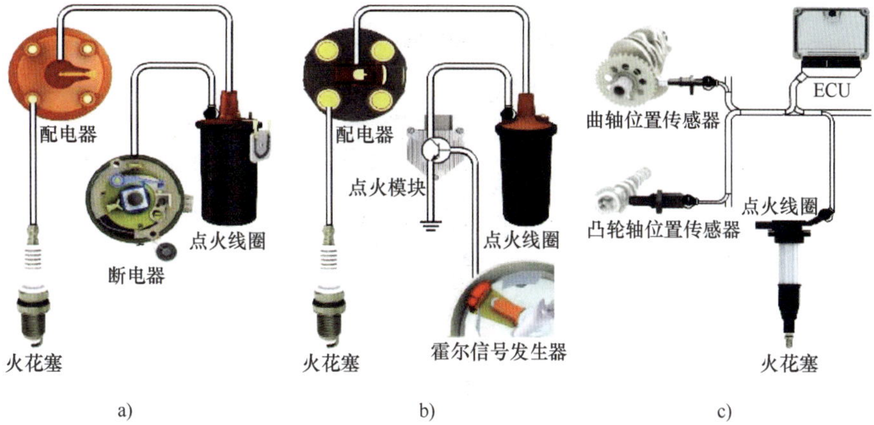

图4-4 各种类型的点火控制系统
a）传统点火系统 b）电子点火系统 c）微机控制点火系统

四、电控点火系统的组成

电控点火系统主要由点火线圈、火花塞、点火模块和ECU等组成，如图4-5所示。

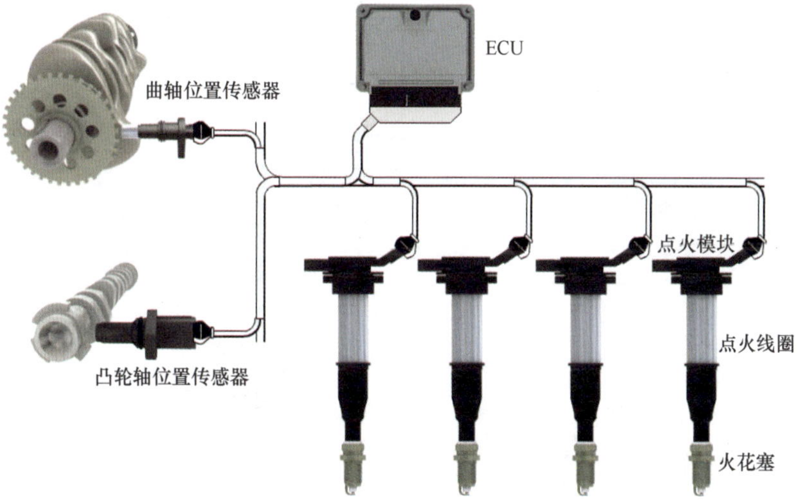

图4-5 电控点火系统的组成

点火系统的组成

1. 点火线圈

（1）结构 点火线圈的结构如图4-6所示，主要由初级线圈、次级线圈和铁心等组成，每缸配备一个点火线圈的独立点火系统，一般在点火线圈内还有一个点火模块（也称点火放大器）。

（2）工作原理 ECU接收相关传感器的信号经过分析计算后，适时向点火模块（点火器）发送一个信号（IGT信号）给点火模块，点火模块经过放大处理后控制点火线圈初级

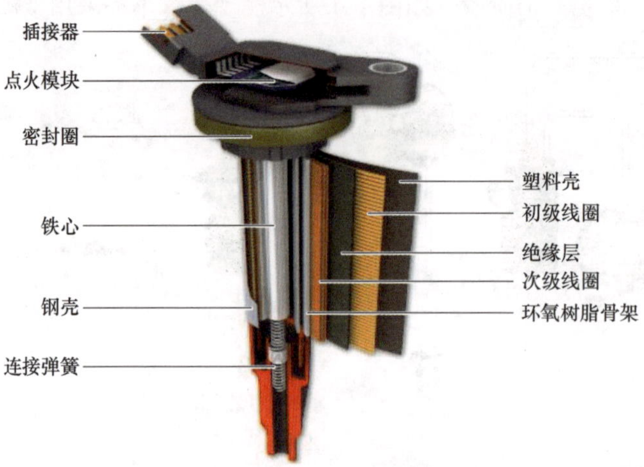

图 4-6　点火线圈的组成

电路导通，此时有电流从点火线圈中的初级电路通过，使初级线圈产生磁场，如图 4-7a 所示；当 ECU 发送的点火信号（IGT 信号）消失的瞬间，点火模块内的晶体管截止，初级电路中的电流被切断，磁场消失，此时在其次级线圈中将产生很高的感应电动势，如图 4-7b 所示；在完成点火后，点火模块再向 ECU 输送一个点火确认信号（IGF 信号）。

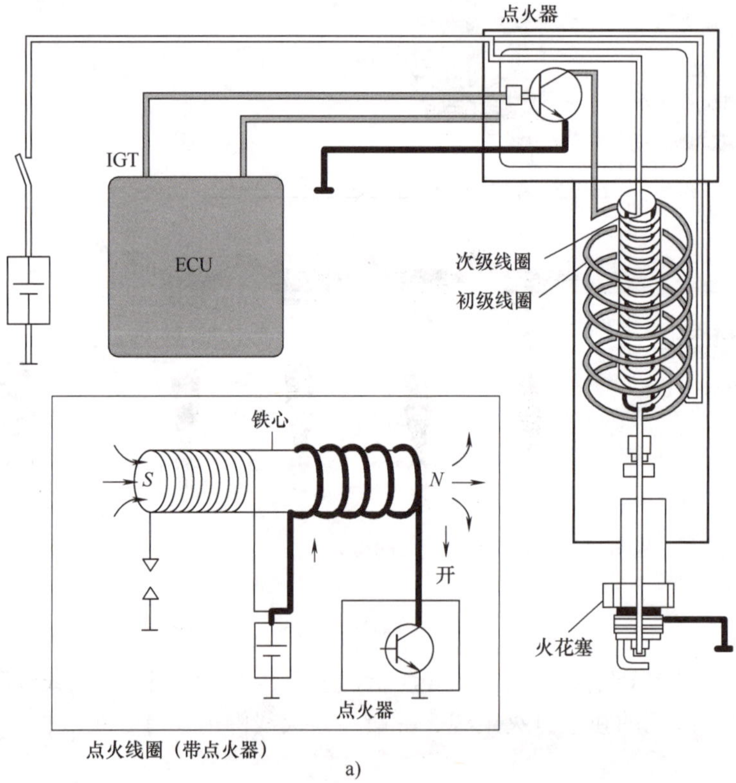

图 4-7　点火线圈的工作原理图

a）当晶体管导通时

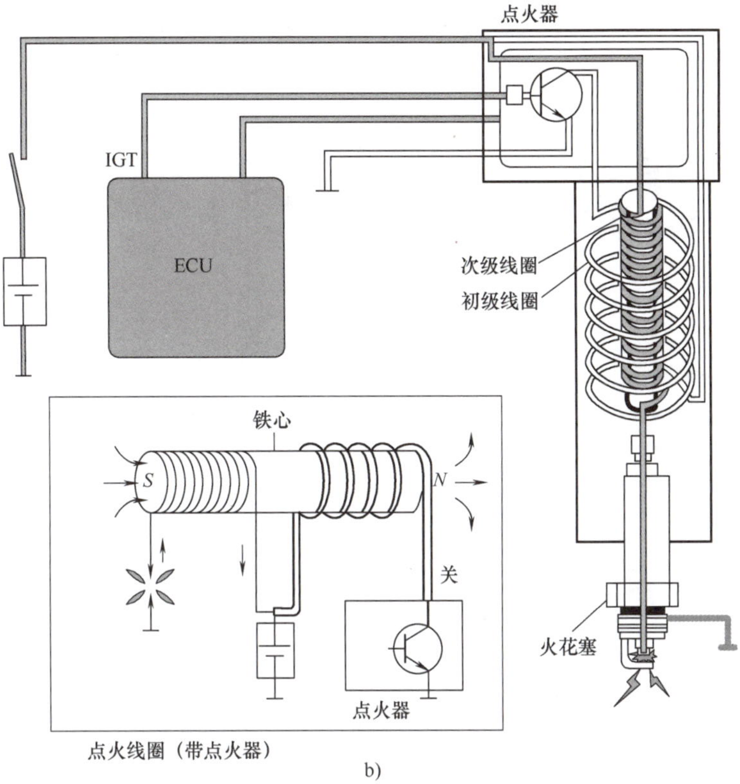

点火系统工作原理

◣ 图 4-7　点火线圈的工作原理图（续）

b）当晶体管截止时

2. 火花塞

（1）结构　火花塞的结构如图 4-8 所示，主要由中心电极、侧电极和陶瓷绝缘体等组成。

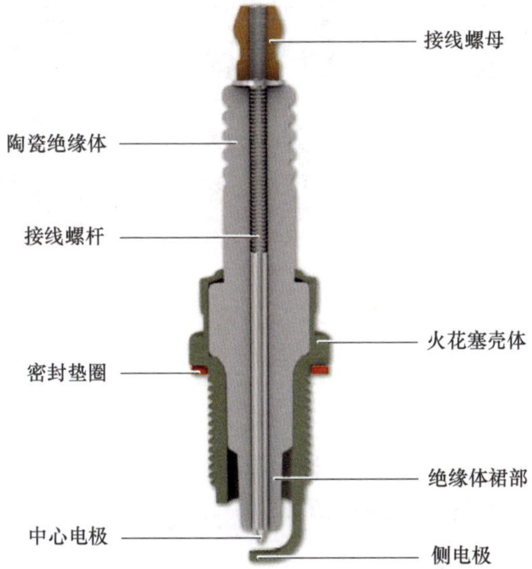

◣ 图 4-8　火花塞的结构

（2）类型　常用火花塞电极的类型如图 4-9 所示。其中细电极型和多侧电极型在轿车上应用较普遍。

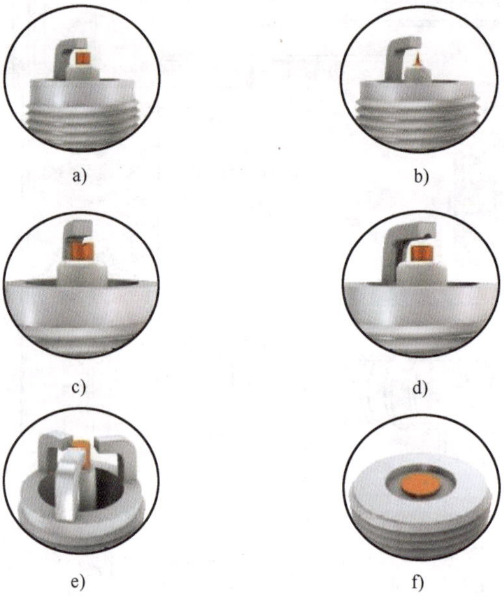

图 4-9　火花塞的类型图

a）标准电极型火花塞　b）细电极型火花塞　c）V 型槽中心电极火花塞
d）U 型槽侧电极火花塞　e）多侧电极型火花塞　f）沿面跳火型火花塞

（3）热特性　火花塞按热特性不同可分为热型火花塞、普通型火花塞和冷型火花塞，如图 4-10 所示。实际使用中要根据维修手册的规定使用不同要求的火花塞。

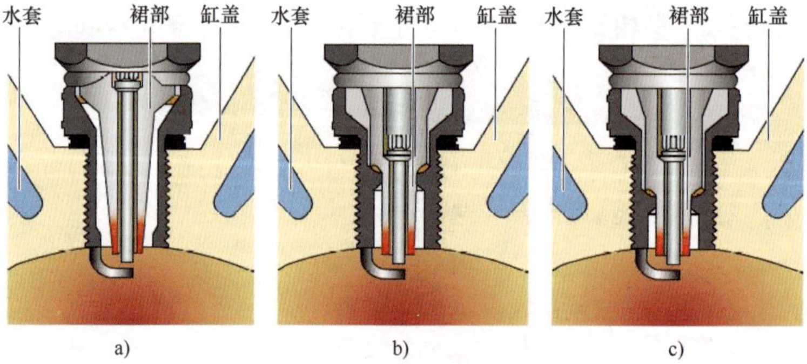

图 4-10　火花塞的热特性

a）热型火花塞　b）普通型火花塞　c）冷型火花塞

1）热型火花塞。热型火花塞裙部长，散热慢。

2）普通型火花塞。普通型火花塞裙部长度介于冷型与热型之间。

2）冷型火花塞。冷型火花塞裙部短，散热快。

五、电控点火系统的工作原理

当发动机工作时，ECU 根据接收到的各传感器信号，按存储器中存储的有关程序和相关数据，确定出该工况下的最佳点火提前角，并以此向点火模块发出指令。点火模块则根据ECU 的指令，控制点火线圈产生很高的感应电动势（15 ~ 20kV），传递到火花塞上使火花塞产生电火花，电控点火系统的工作原理如图 4-11 所示。

单个气缸独立使用一个点火组件，当点火控制器晶体管导通时，初级电流流过初级绕组产生磁场。当点火控制器晶体管截止时，磁场迅速消失，在次级绕组产生感应电动势，高压电送至火花塞跳火。

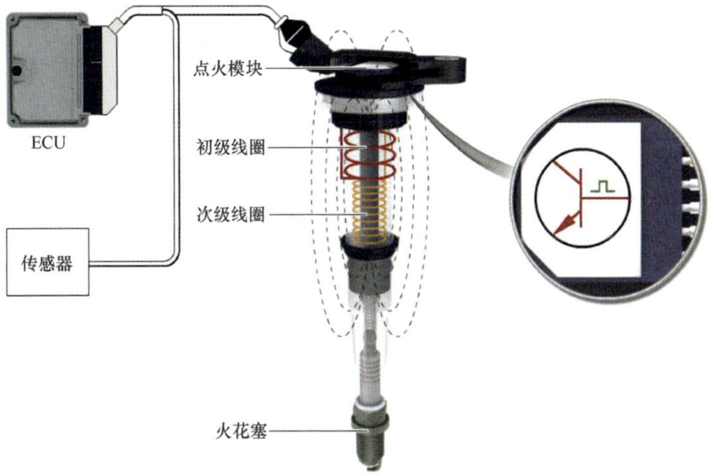

图 4-11 电控点火系统的工作原理

六、电控点火系统的连接电路

丰田卡罗拉电控点火系统电源电路如图 4-12 所示，当点火开关置于 ON 位时，IG2 号继电器触点吸合，为 4 个点火线圈提供 12V 的电源。

点火线圈与 ECU 的连接电路如图 4-13 所示。点火线圈上有 4 个针脚，分别为正极端子（+B)、负极端子（GND)、点火信号端子（IGT）和点火确认信号端子（IGF)。

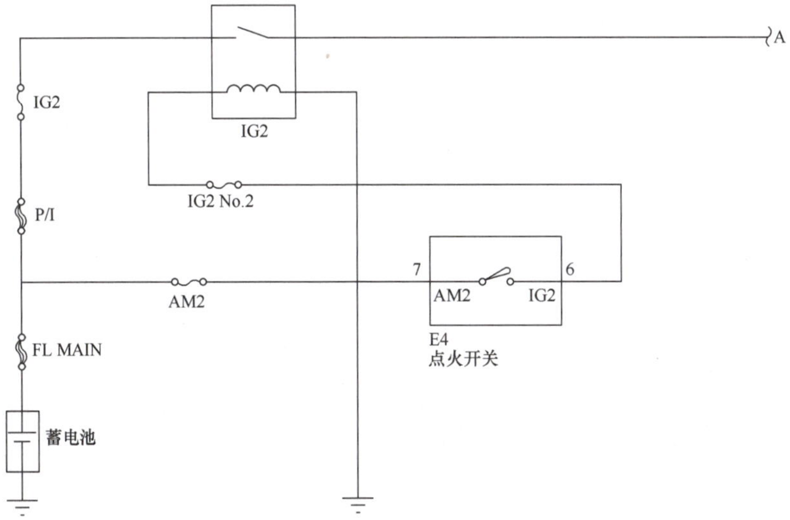

图 4-12 电控点火系统电源电路

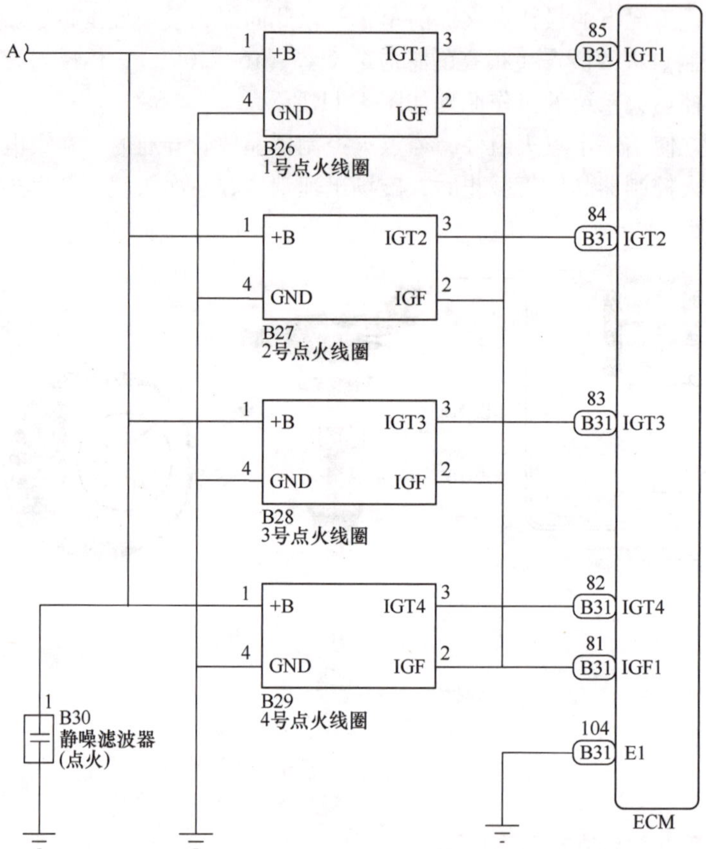

图 4-13　点火线圈与 ECU 的连接电路

任务实施

一、用汽车故障诊断仪读取 ECU 故障码

1）检查变速器档位是否处于 P 位，驻车制动器是否处于制动状态。

2）打开位于仪表板左下方的车辆诊断接口盖，将汽车故障诊断仪连接到车辆故障诊断接口。

3）起动发动机。

4）打开故障诊断仪，按指示菜单操作，进入发动机系统。

5）选择读取故障码，可能的故障码见表 4-1。

表 4-1　读取故障码

P0351	1 缸点火线圈初级/次级电路故障
P0352	2 缸点火线圈初级/次级电路故障
P0353	3 缸点火线圈初级/次级电路故障
P0354	4 缸点火线圈初级/次级电路故障

二、检查点火线圈

独立点火系统点火线圈的好坏可以依据调换法来判断，检查步骤如下：

1）读取故障码时如显示 2 缸的故障码（P0352）。

2）拆下 2 缸和 3 缸的点火线圈，并调换 2、3 缸点火线圈的顺序，重新安装好。

3）起动发动机，用诊断仪清除故障码，再次读取故障码。

4）如仍然显示 P0352，说明 2 号点火线圈的相关电路或 ECU 存在故障（参照点火系统相关电路的检查方法）；如显示 P0353（3 缸点火线圈故障），说明原 2 缸点火线圈损坏，需更换。

三、检查电控点火系统相关电路

1）断开故障气缸点火线圈的插接器，将点火开关置于 ON 位，按表 4-2 中的值测量电压。

表 4-2　标准电压

检测仪连接	开关状态	规定状态
B26-1（+B）—B26-4（GND）	点火开关置于 ON 位	9～14V
B27-1（+B）—B27-4（GND）	点火开关置于 ON 位	9～14V
B28-1（+B）—B28-4（GND）	点火开关置于 ON 位	9～14V
B29-1（+B）—B29-4（GND）	点火开关置于 ON 位	9～14V

如测量电压不在上表的范围内，说明该缸点火线圈到 IG2 号继电器的电路存在断路故障，如电压正常则进行下一步的检查。

2）拆下蓄电池负极端头，断开点火线圈和 ECU 的插接器，根据表 4-3 和表 4-4 中的值测量电路。

表 4-3　标准电阻（断路检查）

检测仪连接	条　件	规定状态
B26-3（IGT1）—B31-85（IGT1）	始终	小于 1Ω
B27-3（IGT2）—B31-84（IGT2）	始终	小于 1Ω
B28-3（IGT3）—B31-83（IGT3）	始终	小于 1Ω
B29-3（IGT4）—B31-82（IGT4）	始终	小于 1Ω

表 4-4　标准电阻（短路检查）

检测仪连接	条　件	规定状态
B26-3（IGT1）或 B31-85（IGT1）—车身搭铁	始终	10kΩ 或更大
B27-3（IGT2）或 B31-84（IGT2）—车身搭铁	始终	10kΩ 或更大
B28-3（IGT3）或 B31-83（IGT3）—车身搭铁	始终	10kΩ 或更大
B29-3（IGT4）或 B31-82（IGT4）—车身搭铁	始终	10kΩ 或更大

如故障气缸点火线圈的电路测量值不在上表的范围内，则维修或更换该缸点火线圈到

ECU 的连接电路，如测量值在上表的范围内，则可能是 ECU 内部存在故障，可更换 ECU 进行替换试验。

四、检测点火信号波形

用示波器连接点火线圈的 IGT 和 IGF 端，检测点火线圈 IGT 和 IGF 信号的波形，标准波形如图 4-14 所示。

五、检查火花塞

1. 火花塞的拆卸

1）首先拔下点火线圈的插接器，再选用正确的工具拆下点火线圈。

2）用火花塞专用套筒拆下火花塞。

3）取出火花塞后要用抹布盖住火花塞安装孔，防止异物掉入气缸内。

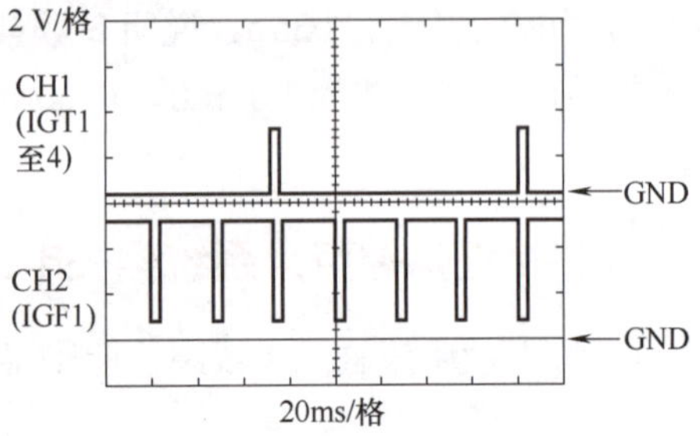

图 4-14　点火波形图

2. 火花塞的检查

1）检查螺纹是否完好，如图 4-15 所示。

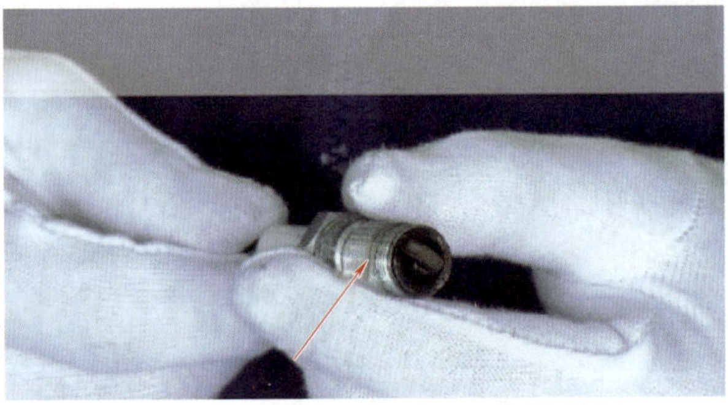

图 4-15　检查螺纹

2）检查陶瓷体是否有裂纹，如图 4-16 所示。

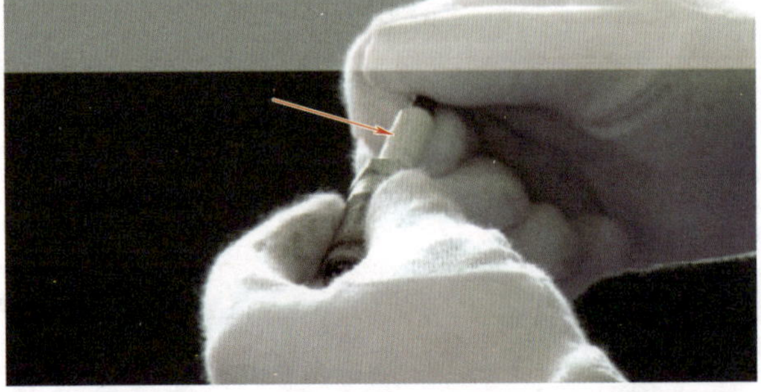

图 4-16　检查陶瓷体

3）检查火花塞电极状况。

若火花塞电极颜色不正常，需清洁或更换，如图 4-17 所示。

图 4-17　检查电极颜色

若火花塞烧蚀严重时，必须更换火花塞，如图 4-18 所示。

图 4-18　火花塞烧蚀

火花塞电极间隙如果过宽，可能会引起缺火；若太窄，可能导致电极过早地被烧蚀。

使用塞尺检查火花塞电极间隙，旧火花塞最大电极间隙为 1.3mm；新火花塞电极间隙为 0.9～1.1mm，如图 4-19 所示。

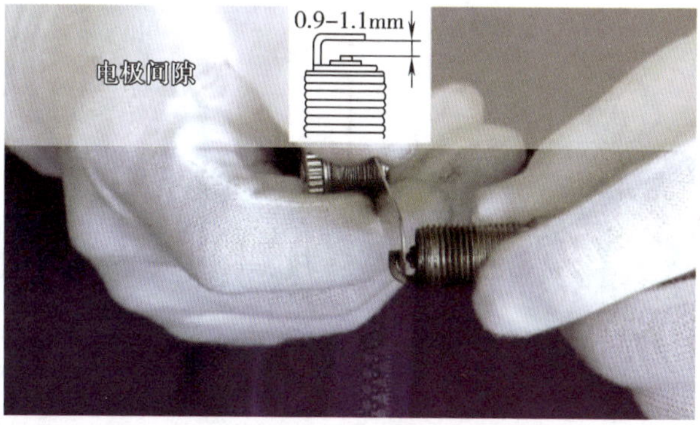

图 4-19　检查火花塞电极间隙

知识拓展

一、传统点火系统

1. 传统点火系统的组成

传统点火系统主要由点火绕圈、分电器、火花塞和高压线等组成，如图 4-20 所示。

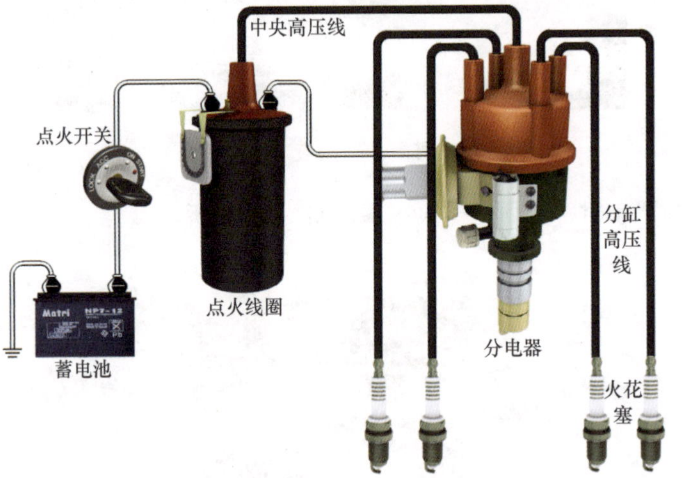

图 4-20　传统点火系统的组成

2. 传统点火系统的工作原理

当分电器内的断电器触点闭合时，点火线圈内的初级线圈电路接通，产生磁场，如图 4-21a 所示；当分电器内的断电器触点断开时，点火线圈内的初级线圈电路断开，磁场瞬间消失，此时在变化磁场内的次级线圈瞬间产生感应电动势，如图 4-21b 所示。

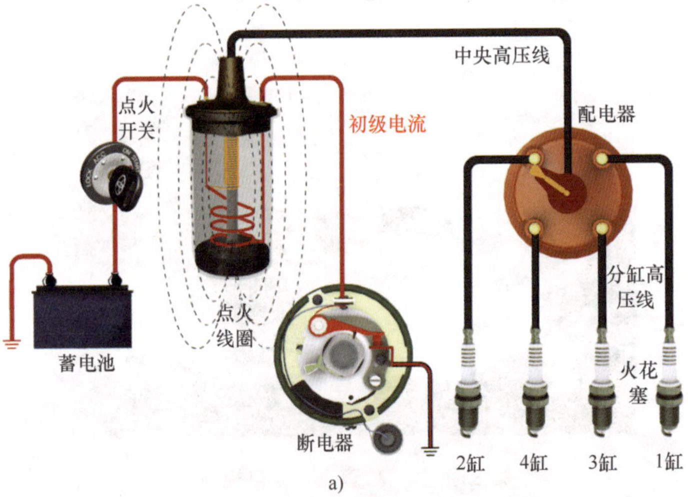

图 4-21　传统点火系统的工作原理图

a）当分电器内的断电器触点闭合时

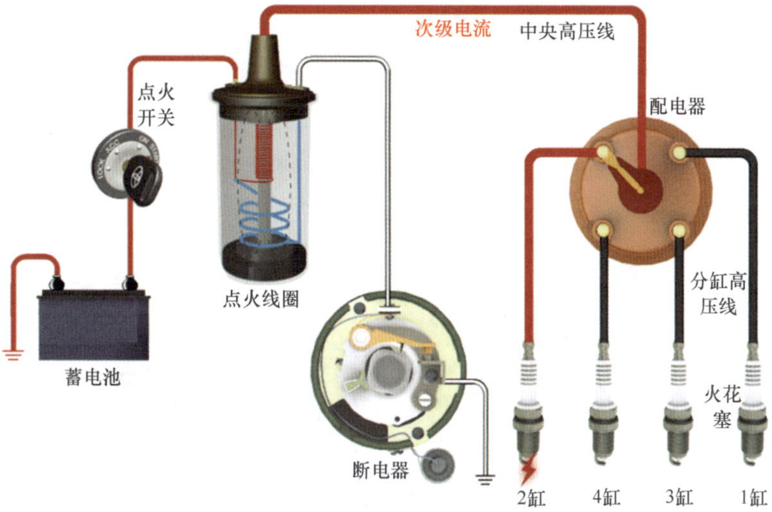

b)

图 4-21　传统点火系统的工作原理图（续）
b）当分电器内的断电器触点断开时

二、微机控制的双缸同时点火系统

微机控制的点火系统可分为两大类：有分电器的和无分电器的。有分电器的电控点火系统，因为机械装置本身的局限性，无法保证在各种状况下使点火提前角处于最佳，所以现代汽车上已较少采用该类点火系统。现广泛采用的无分电器电控点火系统，按控制方式不同可分为双缸同时点火系统和独立点火系统。

1. 双缸同时点火系统的组成

双缸同时点火系统主要由点火线圈、火花塞、点火模块和 ECU 等组成，如图 4-22 所示。其特点是没有分电器，对置的两个气缸共用一个点火线圈。

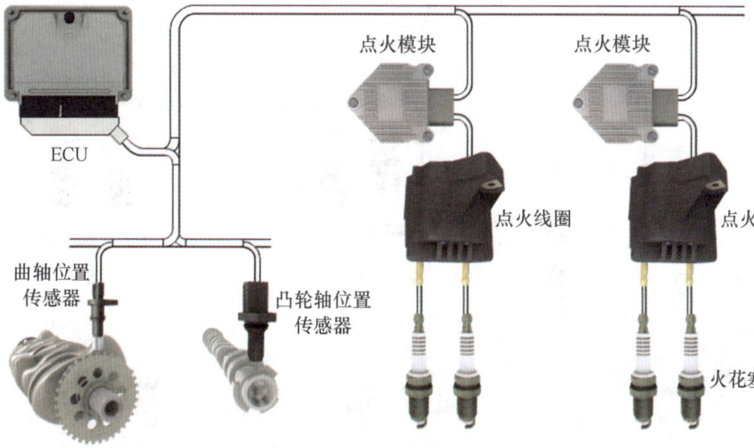

图 4-22　双缸同时点火系统的组成

2. 双缸同时点火系统点火线圈的结构

双缸同时点火系统的点火线圈主要由闭磁路的铁心、初级线圈和次级线圈等组成，如图 4-23 所示。

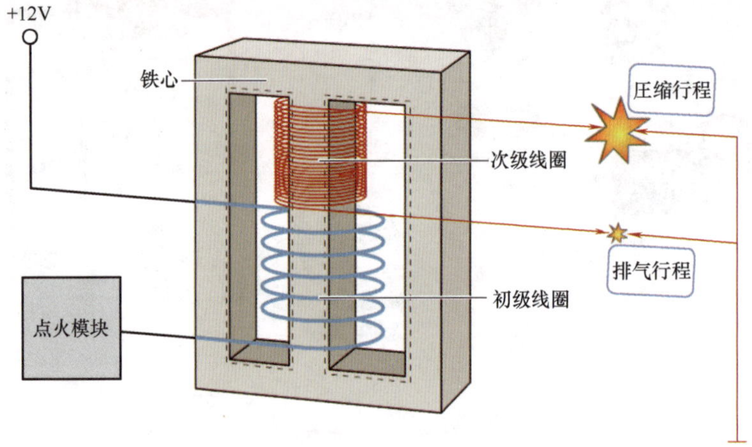

图 4-23　双缸同时点火系统点火线圈的结构图

3. 双缸同时点火系统的工作原理

ECU 接收相关传感器的信号经过计算后，适时地发送点火信号到点火模块，点火模块将点火信号放大后控制初级线圈通电，产生磁场；当初级线圈断电时，磁场迅速消失，在次级线圈中产生感应电动势，高压电经次级线圈的首、尾两端分别输送至两个火花塞同时跳火，此时共用点火线圈的两个气缸一个位于压缩行程，一个位于排气行程，位于压缩行程所产生的火花点燃可燃混合气做功；位于排气行程产生的火花为无效火花，如图 4-24 所示。

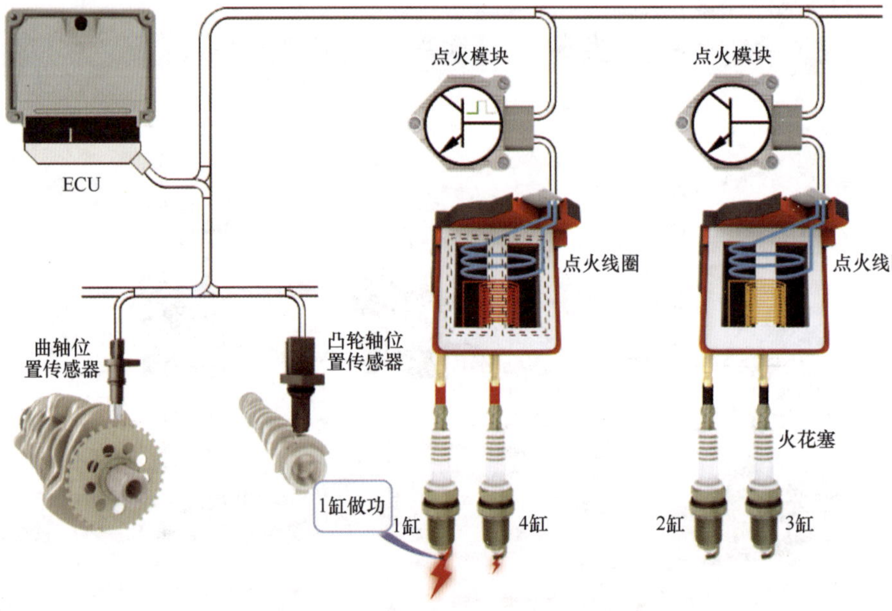

图 4-24　双缸同时点火系统的工作原理图

4. 双缸同时点火系统的控制电路

双缸同时点火系统的控制电路如图 4-25 所示。

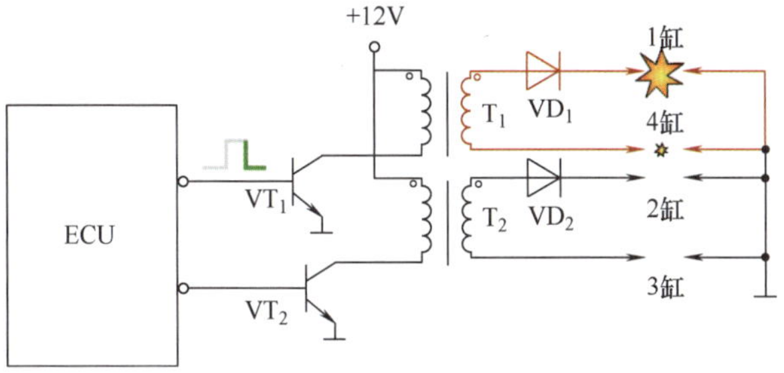

图 4-25　双缸同时点火系统的控制电路

课后测评

一、填空题

1. 汽油发动机正常工作的三要素：________________________________；______________________________；______________________________。

2. 点火系统的作用就是在最佳点火时刻产生强烈的__________________，点燃空气与燃油的混合气，使发动机实现做功。

3. 汽油发动机点火系统经历了由____________________、____________________到________________三个阶段。

4. 电控点火系统主要由________________、________________、________________和ECU 等组成。

5. 无分电器独立点火方式其特点是每缸有________________个点火线圈。

6. 同时点火方式的点火线圈数量是气缸的________________。

二、判断题

1. 增大点火提前角是消除爆燃的最有效措施。（　　）
2. 点火提前角对发动机性能的影响非常大。（　　）
3. 点火提前角过大，会使爆燃倾向减小。（　　）
4. 发动机负荷增大，最佳点火提前角也应增大。（　　）
5. 在无分电器点火系统（一个点火线圈驱动两个火花塞）中，如果其中一个气缸的火花塞无间隙短路，那么相应的另一缸火花塞也将无法跳火。（　　）
6. 点火提前角应随着发动机转速升高而增大。（　　）
7. 在双缸同时点火系统当中，点火线圈的个数是该发动机气缸数的一半。（　　）
8. 双缸同时点火系统中，其中一个为有效点火，另一个为无效点火。（　　）

三、选择题

1. 使用塞尺检查火花塞电极间隙，旧火花塞最大电极间隙为____。

A. 1.3mm　　B. 0.8mm　　C. 1.5mm　　D. 2.0mm

2. 发动机 ECU 是通过____信号控制点火正时的。

A. IGF　　B. IGT　　C. IG　　D. +B

3. 点火线圈在完成点火后，点火模块再向 ECU 输送一个点火确认信号，这个点火确认叫____。

A. IGF　　B. IGT　　C. IG　　D. +B

4. 以下____故障现象与点火系统不相关。

A. 发动机耗油　　B. 怠速抖动　　C. 行驶无力　　D. 怠速过高

四、简答题

1. 画出独立点火系统的电源和控制电路图。

2. 简述某个缸不点火的检修步骤。

项目五 / Project 5

辅助控制系统

任务一

怠速控制系统的检修

任务目标

1. 了解发动机怠速的控制要求及控制方法。
2. 掌握怠速控制阀的结构与工作原理。
3. 掌握怠速控制阀的检修方法。
4. 会分析发动机怠速方面的故障并能排除故障。

任务引入

一位丰田威驰轿车车主将车开到服务站，反映发动机怠速运行时转速时高时低、开空调后容易熄火，需要维修。

任务分析

发动机怠速运行时转速时高时低，没有稳定在一个正常值，说明怠速控制系统存在故障，引起怠速控制系统故障主要原因可能有：一是节气门位置传感器故障，造成发动机 ECU 没有接收到需要进行怠速控制的信息；二是 ECU 故障，造成接收到节气门位置传感器的怠速控制信息而没有发送怠速控制的指令；三是怠速控制阀及其相关电路的故障，造成怠速执行器没有执行 ECU 的指令。在实际应用过程中遇到的车型不同，怠速控制系统的种类也不同，因此故障检测的方法也有所不同，需要根据其结构特点，利用万用表等工具，对相关的部件及电路进行检测，再由检测的结果来判断故障的位置。

相关知识

一、发动机对怠速转速的要求

发动机以最低稳定转速运转，称为发动机怠速，此时发动机不向外输出功率，燃料燃烧所做的功仅仅用于发动机的内部摩擦和带动相关的附属设备。此时，节气门往往处于关闭状态，发动机只需要吸入极少量的空气，喷油器也只需要喷入极少量的燃油，相应的转速也维持较低。但发动机怠速由于受发动机温度及相关附属设备的影响，对怠速的转速要求也不完全相同。

1. 正常怠速

正常怠速也称低怠速，此时发动机冷却液温度已达到正常工作温度，且空调、前照灯等附属设备关闭，怠速一般为800r/min。

2. 暖机怠速

发动机冷起动后，由于冷却液温度较低、发动机内部摩擦力较大，正常怠速下容易造成运转不稳，且长时间低温运行会增大发动机的磨损。因此，要求怠速适当提高（提高的幅度与当时的冷却液温度有关，冷却液温度越低，提高的幅度应越大），这样，既有利于运转平稳，又有利于快速暖机。随着发动机运行后冷却液温度会慢慢升高，要求转速逐步降低，直到回到正常怠速，如图5-1所示。

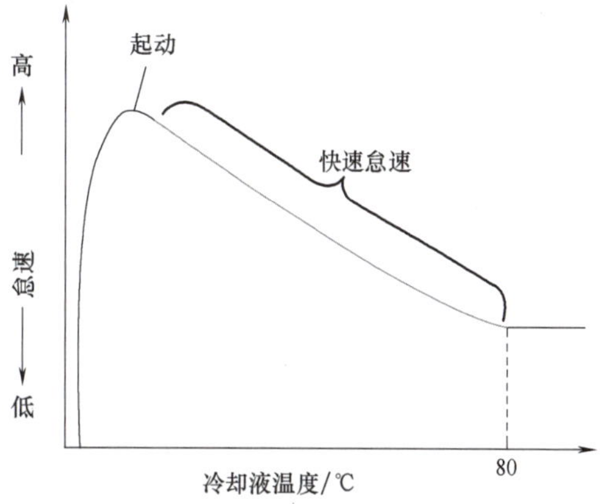

图5-1 暖机时怠速变化要求

3. 高怠速

当怠速工况时，如果此时打开空调、前照灯等附属设备，液压动力转向系统投入工作或自动变速器挂上前进档位时，发动机的负荷增大，转速有下降的趋势。此时，要求怠速转速自动提高，一般要求达到1000～1100 r/min，称为高怠速（或称为快怠速）。

二、怠速控制的类型

怠速进气量的控制方式随车型不同而有所不同，目前主要有以下两种类型。

1. 旁通空气式

这种控制方式是在节气门的旁边开有一条小的旁通气道，由ECU通过怠速阀来控制旁通气道的大小，从而控制怠速的高低，如图5-2a所示。这种控制方向目前在中、小型轿车上采用较普遍。常用的怠速控制阀主要有平动电磁阀式、旋转滑阀式和步进电机式等。

2. 节气门直动式

这种控制方式由ECU通过节气门控制电机直接控制节气门的开度，如图5-2b所示。这种控制方式目前在中、高级轿车上采用较普遍。

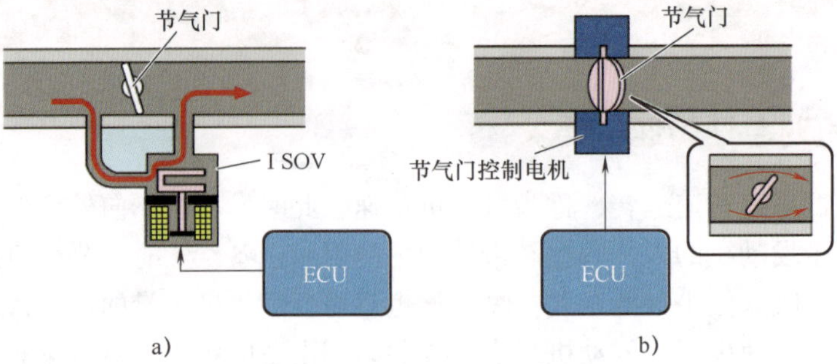

图 5-2 怠速控制方式

a）旁通空气式 b）节气门直动式

三、旁通空气式怠速控制系统的结构与工作原理

旁通空气式怠速控制系统主要由怠速控制阀（ISCV）、发动机 ECU 以及各种传感器等组成，如图 5-3 所示。其中，怠速控制阀装在绕过节气门的旁通气道上，怠速时，节气门完全关闭，所有空气经由该旁通气道进入发动机，ECU 只要控制怠速控制阀的开度，即可控制旁通空气量，从而达到控制怠速转速的目的。

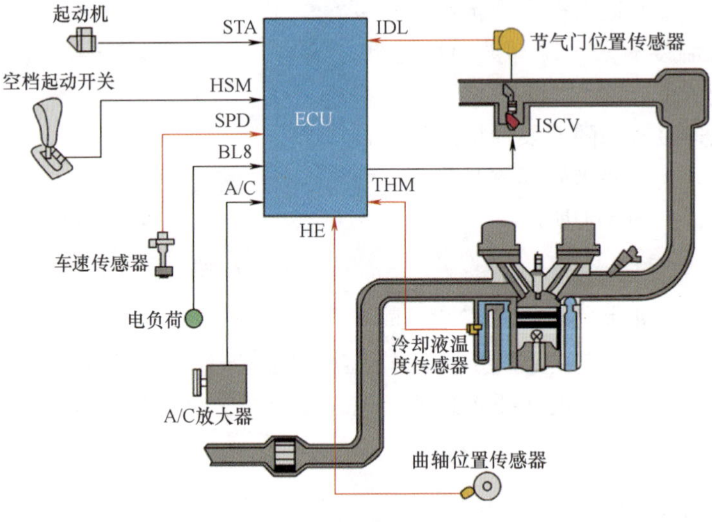

图 5-3 旁通空气式怠速控制系统的组成

起动、暖机时的怠速控制：起动时，怠速控制阀完全打开，旁通气道的开度最大，流过旁通气道的空气量较大，从而确保发动机能够顺利起动；起动后，冷却液温度传感器感知发动机冷却液温度的逐步升高，怠速控制阀的开度逐步减小，冷却液温度正常后达到正常所需的开度位置。

怠速反馈控制：ECU 通过节气门位置传感器获知发动机处于怠速工况，通过曲轴位置传感器（转速信号）得到怠速转速偏离了设定值，ECU 就会通过调整怠速控制阀的开度来修正怠速的转速。

负荷调节控制：当打开空调，或打开前照灯，或将变速杆从 P 位或 N 位换至 D 位或倒档时，发动机负荷突然增大，转速有下降的趋势。此时，ECU 会使怠速控制阀的开度适当增大，以确保转速不致下降或适当升高到高怠速工况。

此外，当节气门由大开度突然完全关闭时，ECU 也会瞬时打开怠速控制阀，以防发动机转速突然过低。

1. 旋转滑阀式怠速控制阀的结构与工作原理

（1）结构　旋转滑阀式怠速控制阀主要由两个电磁线圈、永久磁铁、双金属片弹簧、气道和阀门等组成，如图 5-4 所示。

旋转滑阀式怠速控制阀的气道与节气门体上的旁通气道相接，由转阀控制气道的大小。

两个电磁线圈通电后所产生的磁场同极相对，共同对转轴上的永久磁铁产生作用力，线圈 A 的磁场使转阀开度增大，线圈 B 的磁场使转阀开度减小。

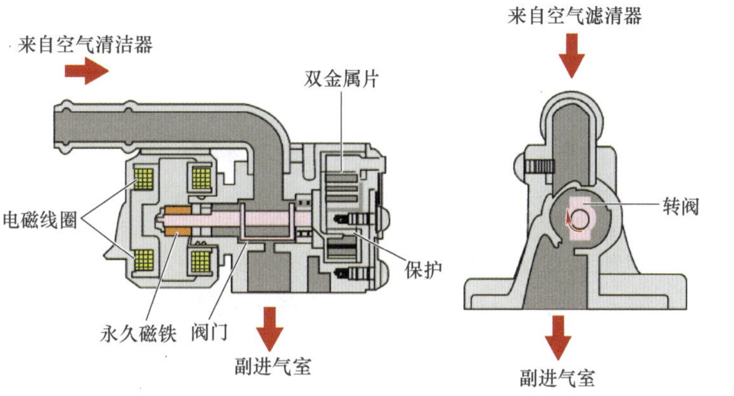

图 5-4　旋转滑阀式怠速控制阀的结构

（2）工作原理　当 ECU 控制的两个磁场强度相同时，转阀处于中间位置；当控制的两个磁场强度不同时，转阀发生偏转：如果线圈 A 的磁场大于线圈 B 的磁场，则转阀开度增大；如果线圈 A 的磁场小于线圈 B 的磁场，则转阀开度减小。转阀的最终位置取决于两个磁场强度与双金属片弹力的平衡状态，如图 5-5 所示。

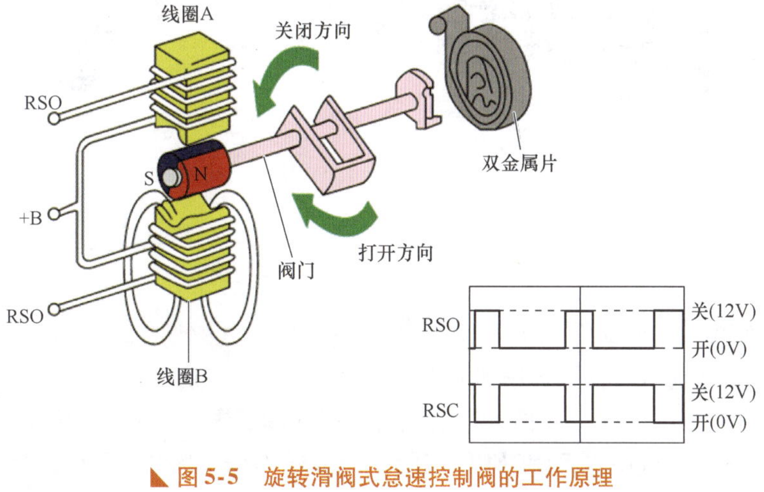

图 5-5　旋转滑阀式怠速控制阀的工作原理

发动机 ECU 通过控制两个线圈通电的占空比来控制其工作电流，但两个占空比信号的频率相同、方向相反，因此占空比互补。例如：线圈 A 的占空比为 60% 时，线圈 B 的占空比则为 40%，这样，线圈 A 的工作电流就大于线圈 B 的工作电流，因而转阀的开度增大，发动机的怠速随之升高；反之，发动机的怠速降低。

（3）控制电路　旋转滑阀式怠速控制阀的控制电路如图 5-6 所示，两个线圈由电源电路同时供电，并分别由 ECU 的两个晶体管控制，其中一个晶体管的基极电路设有反向器，使驱动两个线圈的占空比互补。

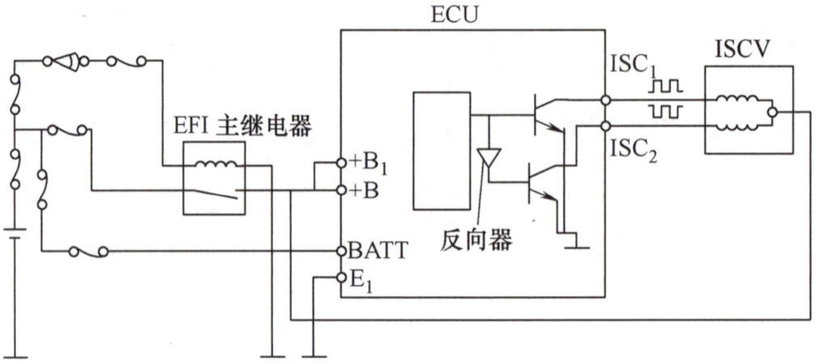

图 5-6　旋转滑阀式怠速控制阀控制电路

2. 步进电机式怠速控制阀的结构与工作原理

（1）结构　步进电机式怠速控制阀装在节气门体的旁通气道上，当步进电机的转子转动时，其阀杆伸出或缩入，阀杆一端的阀门即可控制旁通气道的开度，如图 5-7a 所示。

步进电机的转子由永久磁铁制成，定子则由两个 16 极铁心构成，每个铁心上绕有两组线圈，两个铁心共 4 个线圈（分别为 C1、C2、C3 和 C4），每组线圈由 8 个线圈组成，每个线圈都各自绕在一个铁心上，这样就形成了 16 对磁极（共 32 个磁极），如图 5-7b 所示。

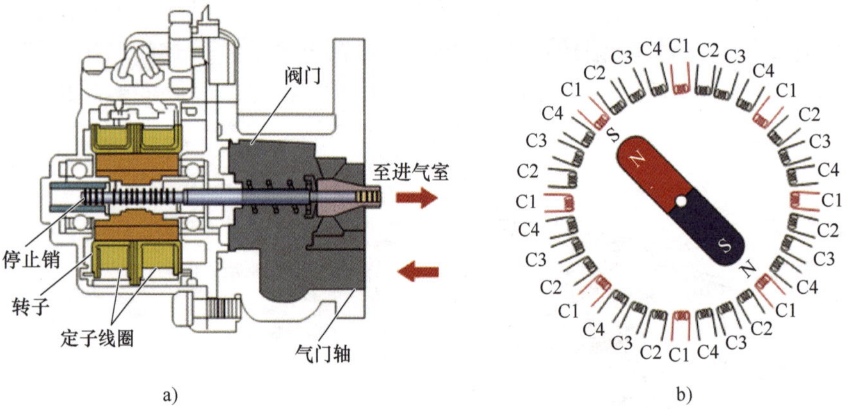

图 5-7　步进电机式怠速控制阀

（2）工作原理　当发动机 ECU 控制线圈 C1 通电时，其磁场使转子转到 C1 磁极对应的位置；控制线圈 C2 通电时，其磁场则使转子转到 C2 磁极对应的位置，以此类推。如果发动机 ECU 按照 C1—C2—C3—C4 的顺序依次给 4 组线圈通电，则转子向顺时针方向步步转动，怠速阀步步打开；如果发动机 ECU 按照 C4—C3—C2—C1 的顺序给 4 组线圈通电，则转子向逆时针方向步步转动，怠速阀则步步关闭。阀门从全关到全开，步进电机可转 125 步，阀门的开度也相应有 125 级。

（3）控制电路　丰田汽车步进电机式怠速控制阀的控制电路如图 5-8 所示，该控制阀有 6 个针脚，其中 2 个针脚接电源的正极，另外 4 个针脚分别受 ECU 内的 4 个晶体管的控制。当发动机停止运转时，ECU 将怠速控制阀置于完全打开位置，以确保发动机下一次能够顺利起动。

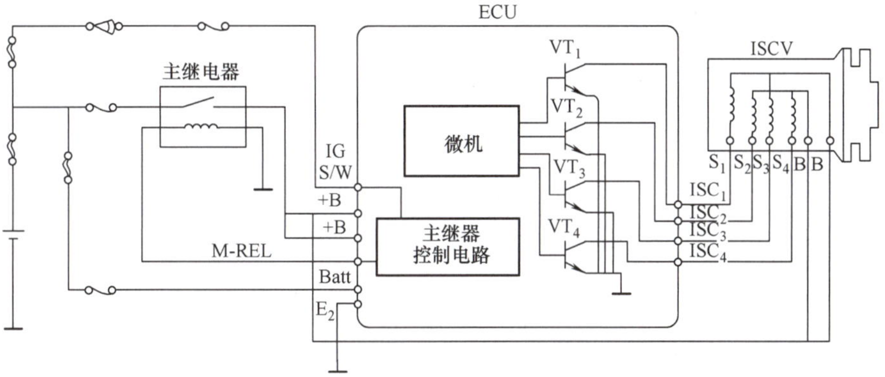

图 5-8　步进电机式怠速控制阀的控制电路

任务实施

一、用汽车故障诊断仪读取发动机 ECU 的故障码和数据流

1）检查变速器档位是否处于 P 位，驻车制动器是否处于制动状态。

2）打开位于仪表板左下方的车辆诊断接口盖，将汽车故障诊断仪连接到车辆故障诊断接口。

3）起动发动机。

4）打开故障诊断仪，按指示菜单操作，进入发动机系统。

5）选择读取故障码（一般车型的怠速控制没有自诊断功能，可能有故障现象，而没有故障码），如有故障码，根据故障码信息先排除相关故障。

6）选择读取数据流。读取节气门位置传感器的数据流，来检查节气门位置传感器是否正常，当确认节气门位置传感器输入的信号正常后，再进行下面的检查。

二、检修怠速控制阀

1. 旋转滑阀式怠速控制阀的检修

1）首先检查怠速控制阀的外观是否完好，插接器连接是否牢固。

2）拔下怠速控制阀插接器。

3）打开点火开关。

4）用万用测量怠速控制阀插接器的电源端子（+B）与搭铁的电压是否为 12V，否则，先检查电源电路是否存在断路或短路；如电压正常，则进入下一步。

5）从节气门体上拆下怠速控制阀。

6）用万用表测量怠速控制阀两个线圈的电阻：+B 与 ISC_1 之间、+B 与 ISC_2 之间的电阻值都应为 17～24.5Ω。否则，更换怠速控制阀。

7）用万用表测量怠速控制阀两个线圈的搭铁情况：测 ISC_1 端子、ISC_2 端子与怠速控制阀外壳之间的电阻，应为无穷大。否则，更换怠速控制阀。

8）分别向怠速控制阀的 +B 端子与 ISC_1 端子之间、+B 端子与 ISC_2 端子之间提供 12V 电压（时间不超过 1s），看怠速控制阀是否动作。如无动作，则更换怠速控制阀。如动作正常，则进行下一步检查。

9）拆下蓄电池的负极插头，拔下 ECU 的插接器。

10）用万用表检查怠速控制阀插接器线束侧 ISC1 端子、ISC_2 端子与 ECU 的线路连接情况，如有断路，则查找断点并进行维修。

11）用万用表检查怠速控制阀插接器线束侧 ISC1 端子、ISC_2 端子的搭铁情况，测 ISC_1 端子、ISC_2 端子与搭铁之间的电阻，应为无穷大。否则，维修或更换线束。

12）检查旁通气道有无污物阻塞情况，如有，则进行清洁。

如果以上情况都正常，但接上 ECU 后怠速控制阀仍然不工作，则更换发动机 ECU。

2. 步进电机式怠速控制阀的检修

（1）基本检查

1）检查怠速控制阀的外观是否完好，插接器连接是否牢固。

2）起动发动机，然后再关闭发动机，听怠速控制阀是否有“咔嗒”声（置于完全打开位置，便于下次起动）。若有，则说明怠速控制阀及其控制电路基本正常；若无，则说明怠速控制阀及其控制电路存在故障，需进入下一步检查。

（2）检查怠速控制阀的供电电压　打开点火开关，用万用表测怠速控制阀插接器 B_1 端子和 B_2 端子搭铁电压，应为 12V，否则检查主继电器与怠速控制阀插接器 B_1 端子和 B_2 端子之间的线路是否断路或短路（参见图 5-8）。

（3）检查怠速控制阀的电阻

1）拔下怠速控制阀的插接器。

2）选用合适的工具将怠速控制阀从节气门体上拆下。

3）用万用表测步进电机 4 个线圈的电阻值：B_1 与 S_1 之间、B_1 与 S_3 之间、B_2 与 S_2 之间、B_2 与 S_4 之间的电阻值均为 10～30Ω。如果有一处不正常，则更换怠速控制阀。

（4）检查怠速控制阀的运行

1）将蓄电池的正极接在怠速控制阀的 B_1 端子和 B_2 端子上。

2）按照 S_1—S_2—S_3—S_4 的顺序将蓄电池的负极与各个线圈的端子相连，怠速控制阀应逐步伸出；按照 S_4—S_3—S_2—S_1 的顺序将蓄电池的负极与各个线圈的端子相连，怠速控制阀应逐步缩入，如图 5-9 所示。

如不符合上述要求，则更换怠速控制阀。

（5）怠速旁通气道的检查　检查旁通气道有无污物阻塞情况，如有，则进行清洁。

如果以上情况都正常，但发动机怠速不良的故障现象依然存在，则更换发动机 ECU。

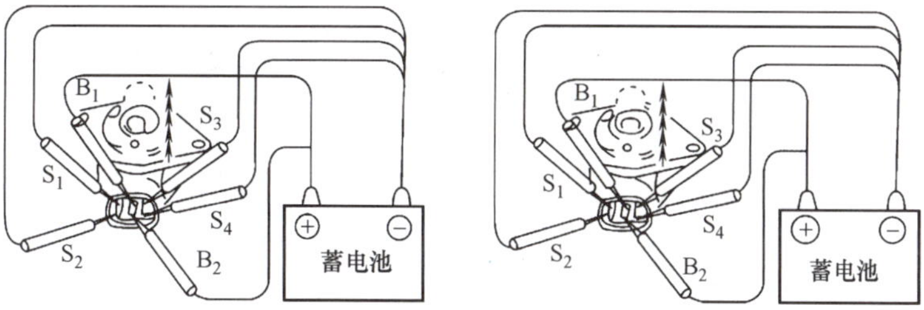

图 5-9　怠速控制阀的检查

知识拓展

一、节气门直动式怠速控制系统

节气门体上不再设置旁通气道，也不再设置怠速控制阀，发动机 ECU 通过直接控制节气门开度的方式来控制怠速转速。

节气门直动式怠速控制系统有半电子节气门和全电子节气门两种。

1. 半电子节气门

节气门的开度只有在怠速工况下才受发动机 ECU 的控制，非怠速工况由驾驶人通过加速踏板和加速踏板拉索人工控制。

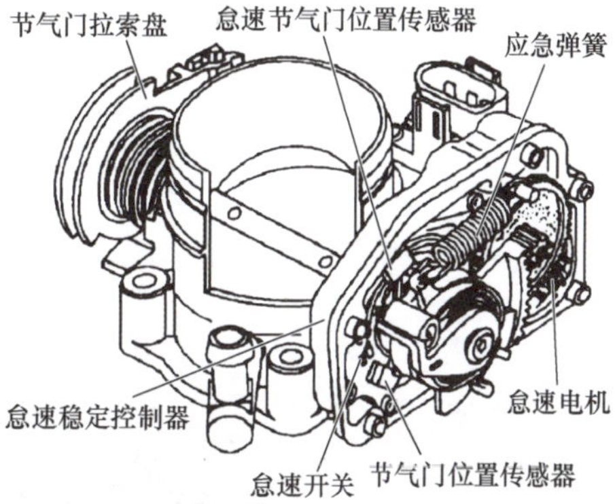

图 5-10　半电子式节气门体

大众车系广泛采用的此种类型的节气门体如图 5-10 所示，其节气门轴的一端为节气门拉索盘，另一端为怠速稳定控制器。怠速稳定控制器由怠速电机、齿轮组、应急弹簧以及相关传感器等组成，其中传感器包括节气门位置传感器、怠速节气门位置传感器和怠速开关等。

怠速时，位于怠速稳定控制器内的怠速开关（F60）闭合，发动机 ECU 据此判定进入怠速工况，于是开始通过怠速电机（V60）及齿轮等元件在一定范围内控制节气门的开度，节气门实际开度则由怠速节气门位置传感器信号反馈给 ECU。其连接电路如图 5-11 所示。

2. 全电子节气门

近年来，许多车型上采用了一种“全电子节气门”，也称为“智能节气门”。其全部开度范围都受发动机 ECU 的控制，如图 5-12 所示，其主要工作特点是：用节气门控制电机完全取代了节气门拉索，在加速踏板处另设一个加速踏板位置传感器，发动机 ECU 则根据该传感器信号控制节气门电机电流的大小和方向，从而控制节气门的开度，节气门的实际开度则由节气门位置传感器反馈给发动机 ECU。

丰田卡罗拉全电子节气门体的结构如图 5-13 所示，主要由节气门、节气门电机、减速齿轮、霍尔式节气门位置传感器和回位弹簧等组成。

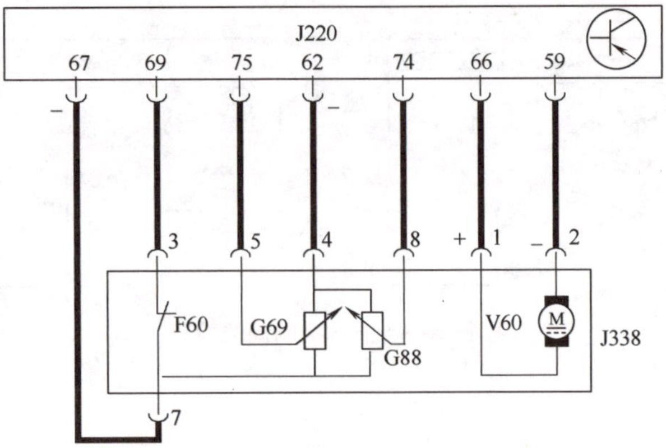

图 5-11　半电子式节气门的连接电路

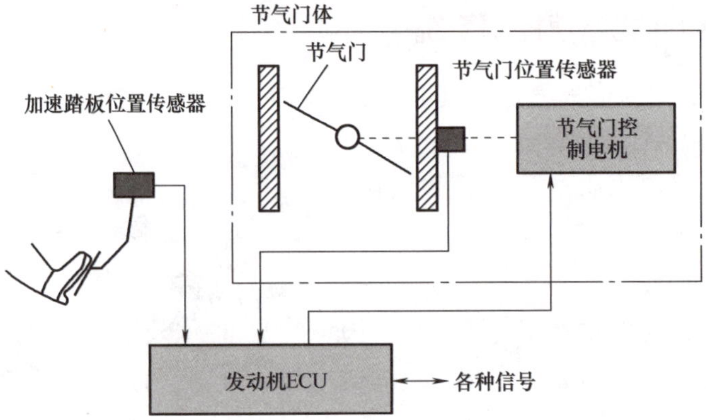

图 5-12　全电子节气门控制原理

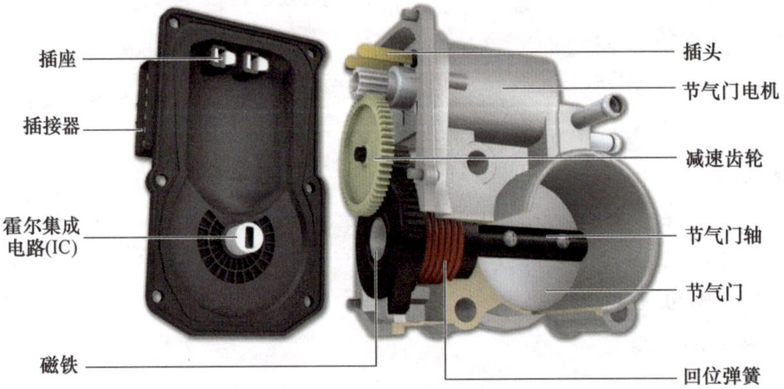

图 5-13　全电子节气门体结构

当没有电流流向电机时，回位弹簧使节气门开启到一个固定位置（大约 6°），但是，在正常怠速期间，节气门的开度反而小于这个固定位置。当驾驶人踩下加速踏板时，加速踏板位置传感器将这一信息传输到 ECU，ECU 再发出指令到节气门电机，驱动节气门打开。在正常模式下，节气门开度随加速踏板转角变化而变化，但略小于加速踏板转角，以确保汽车能够平稳行驶。

二、加速踏板位置传感器

加速踏板位置传感器也称为油门踏板位置传感器，它一般与加速踏板做成一体，如图 5-14 所示。

加速踏板位置传感器内有 2 个完全独立的传感器：VPA（主）和 VPA2（副），如图 5-15 所示。该传感器采用霍尔原理制成，与霍尔式节气门位置传感器的结构与工作原理相同。主、副传感器的信号电压在 0～5V 之间变化，并与加速踏板工作角度成比例。来自主传感器的信号，指实际加速踏板开度并用于发动机控制。来自副传感器的信号，传输主电路的状态信息并用于检查加速踏板位置传感器自身情况。ECU 通过两个传感器的信号监视实际加速踏板开度，从而保证工作的可靠性。

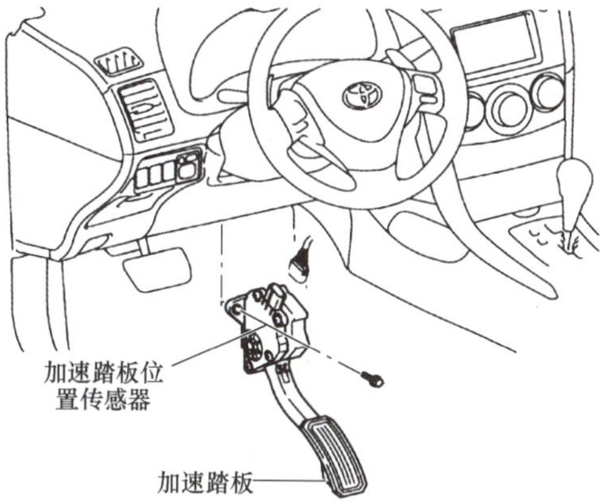

图 5-14　加速踏板位置传感器

加速踏板位置传感器的连接电路如图 5-16 所示。

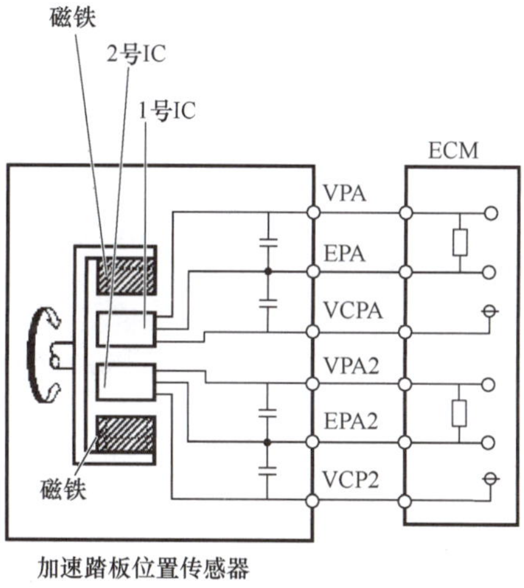

图 5-15　加速踏板位置传感器的结构

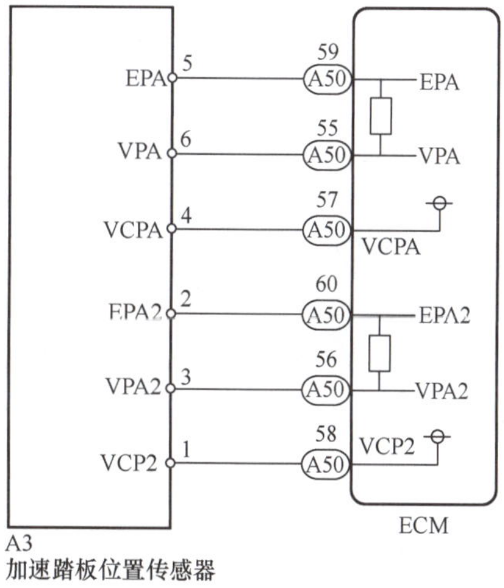

图 5-16　加速踏板位置传感器的连接电路

课后测评

一、填空题

1. 在怠速控制系统中 ECU 需要根据____________________确认怠速工况。
2. 怠速控制的实质就是对怠速工况下的____________________进行控制。
3. 控制怠速进气量方法有__________________和__________________两种类型。

二、判断题

1. 汽油车一般行驶时，发动机的进气量是由进气通道中的节气门来控制的。 (　　)
2. 怠速控制阀开度过大时会造成发动机怠速转速过高。 (　　)
3. 发动机以最低稳定转速运转，称为发动机怠速。 (　　)
4. 对于旁通空气式怠速控制系统而言，怠速时的空气不经过节气门。 (　　)
5. 为了减少磨损，起动后暖机时的怠速转速较低。 (　　)
6. 打开空调、前照灯等附属设备时，发动机因负担加重而会使怠速转速降低。 (　　)
7. 发动机熄火后，怠速控制阀处于关闭状态。 (　　)
8. 怠速控制阀发生故障时，发动机的故障现象都是怠速不稳。 (　　)

三、选择题

1. 汽油发动机的怠速通常是由____控制的。

   A. 自动阻风门　　B. 怠速调整螺钉　　C. 步进电机　　D. 继电器

2. ISC 阀是属于发动机电子控制系统中的____。

   A. 传感器　　B. 开关　　C. ECM　　D. 执行器

四、简答题

1. 画出旋转滑阀式怠速控制阀的控制电路图。

2. 简述旋转滑阀式怠速控制阀的检修步骤。

3. 简述步进电机式怠速控制阀的检修步骤。

4. 简述某车型怠速转速过高的诊断步骤。

任务二

排放控制系统的检修

任务目标

1. 了解汽车排放的污染有哪些及形成原因。
2. 掌握三元催化转换器的结构与检修。
3. 掌握废气再循环的结构与检修。
4. 掌握燃油蒸发排放控制的结构与检修。

任务引入

有一位丰田卡罗拉轿车车主将车开到维修站，反映车辆行驶一段距离后发动机故障指示灯就会亮起，每次运行时都是如此，但当故障指示灯亮起后，发动机性能没有明显的变化，需要检修。

任务分析

发动机运行一段时间后故障指示灯才会亮起，可能是引起该故障的器件要等发动机达到正常工作温度后才工作或达到正常工作温度后才能被自诊断系统监测到故障。在工作过程中被电子控制系统的自诊断功能检测到了故障，且出现故障后发动机性能没有出现变化，造成这样的现象，很可能是发动机排放控制系统的原因造成的。本任务主要学习排放控制系统的类型、结构与工作过程，通过相关知识的学习，学生能够找到故障的原因。

相关知识

一、发动机排放污染物的形成与影响因素

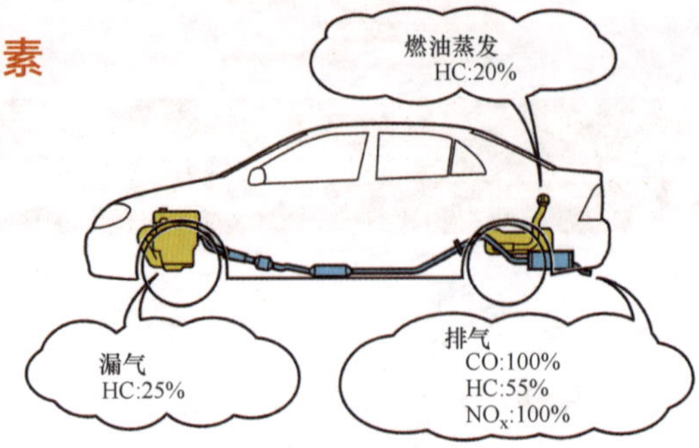

图 5-17　汽车排放的污染物

汽车的排放污染物有很多，但最主要的有害成分有三种：CO（一氧化碳）、HC（碳氢化合物）和 NO_x（氮氧化合物），如图 5-17 所示。

1. 一氧化碳（CO）的形成

CO 是可燃混合气在燃烧过程中，因氧气不足而生成的产物。其生成量主要取决于空燃比，当使用小于 14.7 的浓混合气时，因氧气相对不足，生成的 CO 较多。

2. 碳氢化合物（HC）的形成

HC 是燃料没有燃烧或不完全燃烧的产物，还有一部分是来自曲轴箱窜气和燃油箱燃料的蒸发。曲轴箱窜出的气体大部分是未燃烧的气体。燃油箱内的汽油在温度越高时，蒸发量越大。

3. 氮氧化合物（NO_x）的形成

NO_x 是由空气中的氮和氧在燃烧室高温高压作用下发生化学反应生成的，它的生成量取决于燃烧的最高温度和高温持续时间等。柴油发动机压缩比高，燃烧后产生的温度高，因而 NO_x 是主要有害排放物。

二、三元催化转换器

1. 作用

三元催化转换器是汽车排气系统中最重要的机外净化装置，它可将汽车尾气排出的 CO、HC 和 NO_x 等有害气体通过氧化和还原作用转变为无害的二氧化碳、水和氮气。

2. 结构

三元催化转换器安装在排气消声器前面，由三元催化转换芯子和外壳等成。芯子是催化剂的载体，它是由陶瓷做成的蜂窝状的格栅，并在格栅上涂有贵金属材料铂（或钯）和铑，如图 5-18 所示。

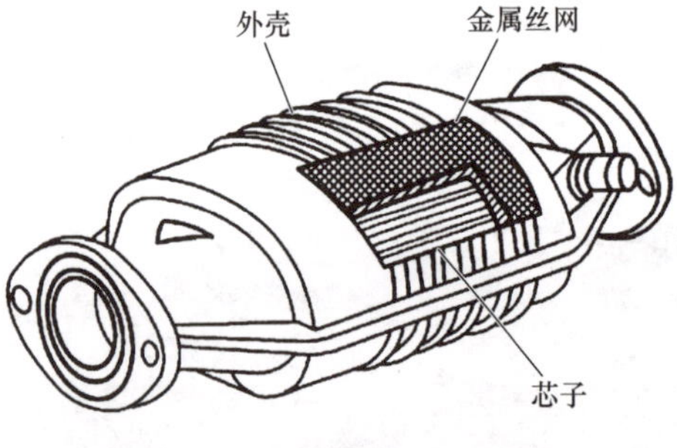

图 5-18　三元催化转换器的结构

扫一扫

三元催化器的作用

3. 工作原理

当发动机燃烧后的废气通过蜂窝状的格栅时，金属铂具有很强的氧化性，能够使 HC 和 CO 继续和排气管中的 O_2 产生氧化反应，生成 CO_2 和 H_2O；金属钯和铑具有很强的还原性，能够将 NO_x 还原成 O_2 和 N_2，但只有当空燃比精确控制在理论空燃比 14.7 附近时，其转化效率才能最佳。因此，在三元催化转换器的前端安装有前氧传感器，它通过反馈控制能将空燃比控制在理论空燃比附近；同时，在三元催化转换器的后端安装有后氧传感器，用于检测三元催化转换器的转化效率。

三、废气再循环（EGR）

1. 作用

废气再循环就是在 ECU 的控制下，根据发动机的不同工况，将一部分废气引入进气管与新鲜可燃混合气混合后再进入气缸，由于该部分废气不能参与燃烧，从而能够降低燃烧速度和最高燃烧温度，以减少 NO_x 生成量。

2. 结构与工作原理

EGR 系统的结构如图 5-19 所示，它通过一个特殊的通道将排气歧管与进气歧管连通，在该通道上装有 EGR 阀。当 EGR 阀膜片上方真空室的真空度增大时，阀门开度增大，循环的废气量增多；反之，真空度小，循环的废气量小。ECU 通过控制 EGR 阀上方真空度的大小，就能控制废气循环量。

实验表明当废气量达到 15% 时，NO_x 的排放量即可减少 60%。但废气量增加过多时，会使发动机动力性能下降，HC 含量会上升。因此，必须对进入进气管内的废气量实行适时控制，既能降低 NO_x 含量，又可保证发动机的动力性。废气再循环电子控制系统就是选择 NO_x 排放量多的发动机运行工况（中、高负荷工况），进行适当废气量的（范围可达 15% ~20%）控制。

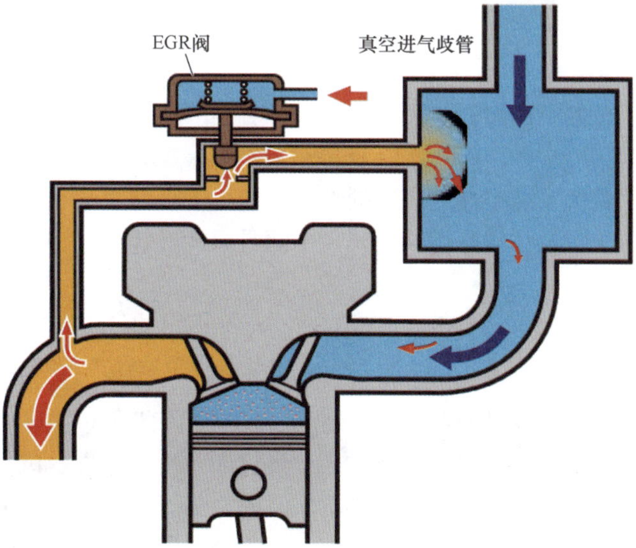

图 5-19　废气再循环

3. 控制方式

图5-20为常见的EGR电子控制系统，它主要由EGR阀、EGR电磁阀和相关传感器等组成。

EGR阀通过管道将排气管与进气总管连通，其真空气室的真空度受EGR电磁阀控制，ECU根据发动机转速、空气流量、节气门位置、冷却液温度等信号控制EGR电磁阀通电时间的长短来控制进入EGR阀真空气室的真空度，从而控制EGR阀的开度来改变参与再循环的废气量。

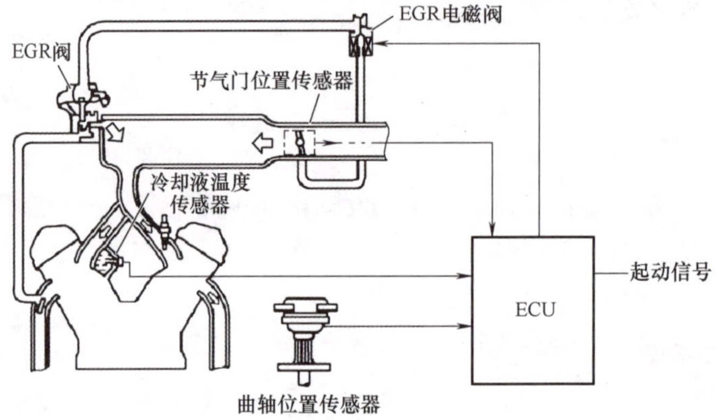

图5-20 EGR电子控制系统

四、燃油蒸发排放控制（EVAP）

1. 作用

EVAP收集汽油箱蒸发的汽油蒸气，并将汽油蒸气在合适的时机导入气缸参加燃烧，从而防止汽油蒸气直接排到大气而造成污染。同时，根据发动机工况，控制导入气缸参加燃烧的汽油蒸气量。

2. 结构

目前，常见的比较简单的燃油蒸发排放控制系统如图5-21所示，它主要由燃油箱、活性炭罐（内装活性炭）、炭罐电磁阀和ECU等组成。

活性炭罐是燃油蒸发系统中储存蒸气的部件，它的下部与大气相通；上部用接头与油箱和进气歧管相连，用于收集和清除燃油蒸气；中间是活性炭颗粒，它具有极强的吸附燃油分子的作用。

3. 工作原理

燃油箱蒸发的燃油蒸气经燃油箱管道进入活性炭罐后，蒸汽中的燃油分子被吸附在活性炭颗粒的表面储存起来。当发动机运转时，如果ECU控制炭罐电磁阀开启，则在进气歧管真空吸力的作用下，空气从活性炭罐底部进入，经过活性炭至上方出口，再经软管进入发动机进气管，吸附在活性炭表面的燃油分子又重新脱附，随新鲜空气一起被吸入发动机气缸燃烧，使活性炭罐内的活性炭又能恢复吸附能力，而不会因使用太久而失效。当炭罐电磁阀关闭时，燃油蒸气储存在活性炭罐中。

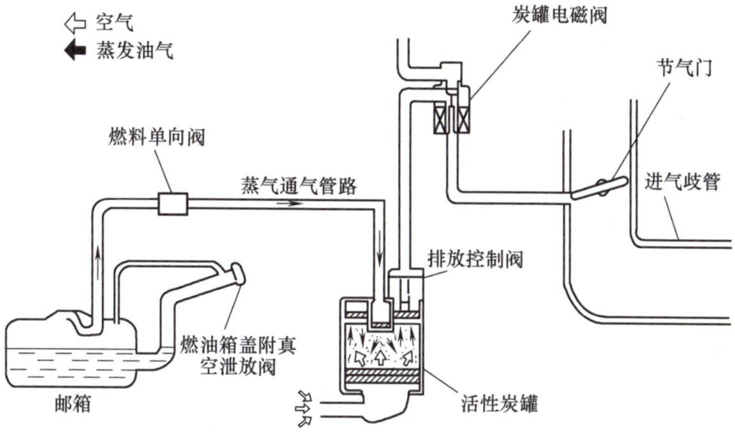

图 5-21　燃油蒸发排放控制系统示意图

任务实施

根据任务引入中所描述的故障现象，可以执行如下的诊断步骤。

一、用汽车故障诊断仪读取发动机 ECU 的故障码

1）检查变速器档位是否处于 P 位，驻车制动器是否处于制动状态。

2）打开位于仪表板左下方的车辆诊断接口盖，将汽车故障诊断仪连接到车辆故障诊断接口。

3）起动发动机。

4）打开故障诊断仪，按指示菜单操作，进入发动机系统。

5）选择读取故障码，根据故障码查找对应的排放控制系统，然后按照各排放系统的检修方法找到故障的原因。

二、检修三元催化转换器

1. 外观检查

1）观察三元催化转换器表面是否有凹陷，如有明显的凹痕或刮擦，则说明三元催化转换器的载体可能受到损伤，需更换。

2）观察三元催化转换器外壳上是否有严重的褪色斑点或略有青色和紫色的痕迹，如有则说明三元催化转换器处于过热状态，需做进一步的检查。

3）用拳头敲击或用力晃动三元催化转换器，如果听到有物体移动的声音，则说明其内部催化剂载体破碎，需要更换三元催化转换器。

4）如故障码显示三元催化转换器转化效果不良，也可直接拆下三元催化转换器，检查催化剂载体是否破损或堵塞。

2. 加热法检查

三元催化转换器在正常工作状态下，由于氧化反应会产生大量的热量，因此可通过温差

对比来判断三元催化转换器性能的好坏。

1）起动发动机，预热至正常工作温度，将发动机转速维持在2500r/min左右。

2）将车辆举升到合适的高度，并落好安全锁。

3）用红外线温度计测量三元催化转换器进口和出口的温度（出口的温度应至少高于进口温度10%～15%），如果出口温度低于以上的范围，则说明三元催化转换器工作不正常，需更换；如果出口温度值超过以上范围，则说明废气中含有异常高浓度的CO和HC，需对发动机本身做进一步的检查。

三、检修废气再循环

废气再循环控制系统的主要故障是废气再循环时不能进入发动机进气系统进行循环；还有不应循环时反而进入发动机进气系统中循环，如当发动机怠速时，废气进入进气系统，会使发动机运转不稳，甚至出现熄火。

1. EGR阀测试

1）起动发动机，并运转到正常工作温度。

2）从EGR阀上拆下真空管。

3）将手持式真空泵连接到EGR阀上，然后摇动真空泵，发动机怠速会不稳或熄火；当释放掉真空后怠速应能恢复正常。

进行以上测试如果发动机怠速没反应，则可能EGR阀损坏或废气通道堵塞。

4）拆下EGR阀。

5）检查EGR阀的通道和废气通道是否堵塞，必要时清洗；如通道正常则更换EGR阀。

2. EGR系统的检测

1）首先检查连接的真空管路是否破损和导线插接器连接是否牢固。

2）关闭点火开关，拔下EGR电磁阀插接器。

3）用万用表测量电磁阀线圈的阻值，阻值一般为20～50Ω。否则，应更换ECR电磁阀。

4）向EGR电磁阀两端子施加蓄电池电压，应能听到“咔嗒”声。否则，更换EGR电磁阀。

四、检修燃油蒸发排放控制系统

1. 外观检查

1）用手晃动检查燃油蒸发管路及接头部分是否松动。

2）检查燃油箱盖垫圈及阀门有无损坏。

3）检查活性炭罐表面有无开裂和变形等损坏，如有损坏，则应更换。

2. 就车检查

1）怠速检测：起动发动机，并运转到正常工作温度后怠速运转。拔下活性炭罐上通往炭罐电磁阀的真空软管，检查软管内应无真空吸力，否则，应进一步检查炭罐电磁阀。

2）加速检测：踩下加速踏板，使发动机转速保持在2500r/min，上述软管应有吸力；若无吸力，应检查电磁阀线束插头内的电压，若电压正常，说明电磁阀故障；若电压异常或无电压，说明ECU或控制线路有故障。

3. 检查炭罐电磁阀

1）检查炭罐电磁阀电阻，一般应为 20～30Ω，若阻值不符，应更换炭罐电磁阀。

2）向炭罐电磁阀两端子施加蓄电池电压，应能听到“咔嗒”声。否则，更换炭罐电磁阀。

知识拓展

一、EGR 控制系统

1. 本田车系的 EGR 控制系统

本田车系的 EGR 控制系统如图 5-22 所示，它主要由 EGR 控制电磁阀、EGR 真空控制阀、EGR 阀和 EGR 位置传感器等组成。它的结构特点是通过 EGR 位置传感器来检测 EGR 阀的开度，从而能够达到精确控制。

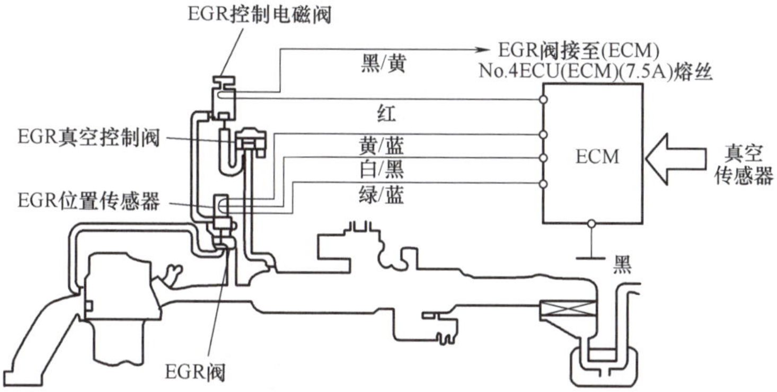

图 5-22　本田车系 EGR 控制系统图

2. 通用车系的 EGR 控制系统

通用凯越轿车采用的 EGR 控制系统如图 5-23 所示，它采用的 EGR 控制阀是一个步进电机，ECU 直接控制步进电机的步进角来控制废气阀门的开度。

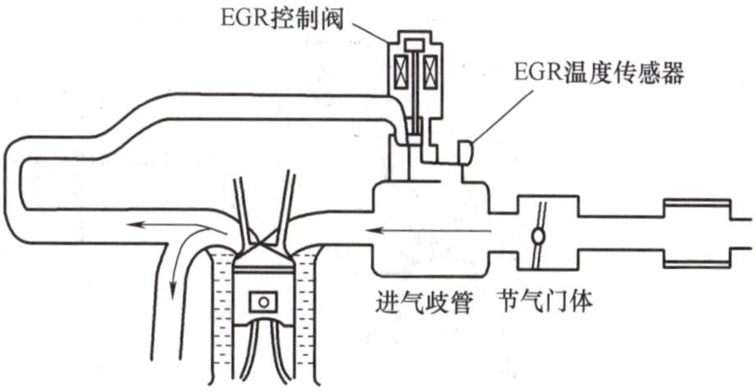

图 5-23　通用凯越轿车采用的 EGR 控制系统图

二、燃油蒸发排放控制系统

目前部分车型（如丰田卡罗拉）的燃油蒸发排放控制系统将活性炭罐直接安装在燃油箱内，如图 5-24 所示。ECU 通过控制炭罐电磁阀（EVAP VSV）的开度来控制燃油蒸气的循环量。

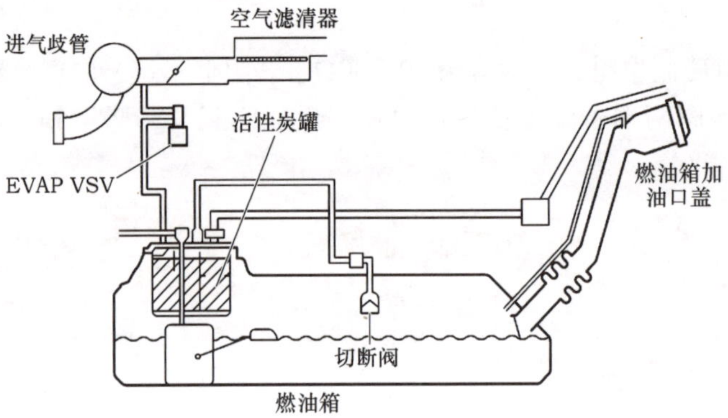

图 5-24 燃油蒸发排放控制系统

三、曲轴箱强制通风装置（PCV）

1. 作用

在发动机工作时，总有一部分可燃混合气和废气经活塞环窜到曲轴箱内，它会使润滑油变稀，润滑性能变差，如漏到大气中，会造成污染。曲轴箱强制通风装置通过管道将曲轴箱内的窜缸气体引入进气管进入气缸燃烧，起到降低有害污染物（HC）的作用。

2. 结构与工作原理

曲轴箱通风装置结构如图 5-25 所示，主要由通风管、PCV 软管和 PCV 阀组成。核心部件是 PCV 阀，它由一个柱塞式阀门和弹簧构成，一般装在气缸盖的上部。进气歧管的真空度决定了 PCV 阀开启和关闭的程度。当节气门开度小时，进气歧管的真空度较大，PCV 阀门在真空的吸力下压缩弹簧关闭了通道，随着节气门开度的增加，进气歧管的真空度减小，对 PCV 阀门的吸力减小，阀门在弹簧的作用下逐渐打开，此时将曲轴箱内的废气吸入气缸再燃烧。

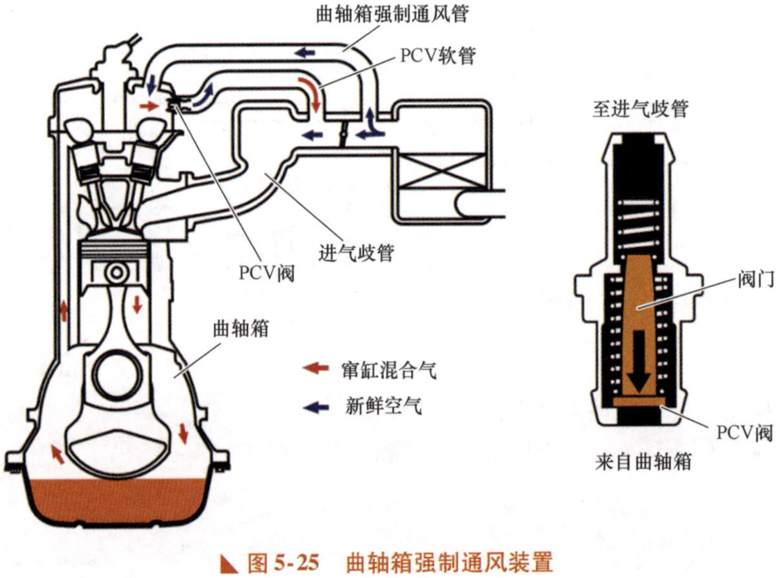

图 5-25 曲轴箱强制通风装置

课后测评

一、填空题

1. 汽车的排放污染物有很多，但最主要的有害成分有__________、__________和__________。

2. 三元催化转换器的作用是转化汽车尾气中的__________、__________和__________等有害气体。

3. 废气再循环的作用是减少______________生成量。

二、判断题

1. 汽油蒸发排放控制系统和废气再循环系统在起动及怠速运转中是不工作的。（ ）
2. 曲轴箱窜气的主要成分是 HC 和 CO。（ ）
3. 燃油蒸汽的主要有害成分是 HC。（ ）
4. 活性炭罐受 ECU 控制，在各种工况下都工作。（ ）
5. 废气再循环的作用是减少 HC、CO 和 NO_x 的排放量。（ ）
6. 怠速时，CO 的排放量最多，NO_x 最少。（ ）

三、选择题

1. 废气再循环的作用是抑制____的产生。

   A. HC　　B. CO　　C. NO_x　　D. 有害气体

2. 进入进气总管的废气量一般控制在____范围内。

   A. 1% ~2%　　B. 2% ~5%　　C. 5% ~10%　　D. 15% ~20%

3. 在____时废气再循环控制系统不工作。

   A. 行驶　　B. 怠速　　C. 高转速　　D. 中、小负荷

4. 采用三元催化转换器的发动机一般都安装____。

   A. 前氧传感器　　B. 后氧传感器　　C. 前、后氧传感器

5. 如果三元催化转换器良好，后氧传感器信号波动____。

   A. 频率高　　B. 增加　　C. 没有　　D. 缓慢

四、简答题

1. 简述汽车排放的污染物及其形成的原因。

2. 简述废气再循环的检修步骤。

3. 简述燃油蒸发排放控制系统的检修步骤。

参考文献

[1] 谭本忠. 发动机构造与维修［M］. 山东：山东科学技术出版社，2011.

[2] 廖晓琼，周广春. 汽车发动机维修［M］. 北京：人民交通出版社，2014.

[3] 王囤. 汽车电控发动机构造与维修［M］. 北京：人民交通出版社，2011.

[4] 陈高路，蔡北勤. 发动机控制系统检测与维修工作页［M］. 北京：人民交通出版社，2013.

[5] 刁维芹，侯文胜. 汽车发动机电控系统［M］. 北京：机械工业出版社，2014.

汽车发动机电控系统检修

工作页

班级____

姓名____

学号____

机 械 工 业 出 版 社

目　录

工作页一　发动机电控系统的认知

实施器材

轿车整车或发动机台架、常用工具、万用表、故障诊断仪等。

一、对应实车或发动机台架完成下表的填写

器件名称	是否装备	安装位置
空气流量传感器	□是　□否	
进气歧管压力传感器	□是　□否	
曲轴位置传感器	□是　□否	
凸轮轴位置传感器	□是　□否	
冷却液温度传感器	□是　□否	
进气温度传感器	□是　□否	
节气门位置传感器	□是　□否	
爆燃传感器	□是　□否	
氧传感器	□是　□否	
喷油器	□是　□否	
电动燃油泵	□是　□否	
点火线圈	□是　□否	
真空电磁阀	□是　□否	
怠速电机	□是　□否	
ECU	□是　□否	
节气门体	□是　□否	

二、故障诊断仪的使用

1）该车故障诊断插座安装在______________________。

2）连接故障诊断仪与故障诊断座时，点火开关处于______________位置。

3）用故障诊断仪读取发动机电控系统的故障码为________________，故障码所表示的含义为______________________。

4）读取发动机电控系统定格数据流。

发动机转速：________ 冷却液温度：________
进气温度：________ 空气流量：________
喷油时间：________ 点火提前角：________
车速：________ 节气门开度：________

5）读取发动机电控系统动态数据流。

发动机转速：________ 冷却液温度：________
进气温度：________ 空气流量：________
喷油时间：________ 点火提前角：________
节气门开度：________
其他与故障码相关的数据流：________

6）清除故障码后再次读取故障码。

故障码为________，故障码的含义为________。

三、维修建议

根据以上诊断过程，写出对任务引入中故障的结论及维修建议。

四、评价总结

1. 小组互评

组别	操作流程			组内分工		
	不清晰	较清晰	很清晰	不明确	较明确	很明确

2. 自我评价

任务	评价等级			
	不会	基本不会	会	很熟练
1. 发动机电控系统各器件的认知				
2. 发动机电控系统各器件的安装位置				
3. 汽车故障诊断仪的使用				

3. 教师总评

工作页二　曲轴位置传感器的检修

实施器材

轿车整车或发动机台架、常用工具、万用表、故障诊断仪等。

一、曲轴位置传感器的结构认知

根据下图写出画线所指曲轴位置传感器的部件名称：

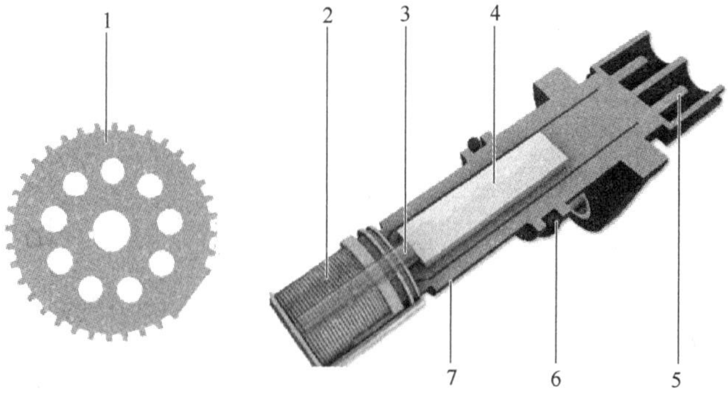

1. ____________ 2. ____________ 3. ____________ 4. ____________

5. ____________ 6. ____________ 7. ____________

二、曲轴位置传感器的检测

1）用故障诊断仪读取发动机系统的故障码为____________________，故障码所表示的含义为________________________________。

2）起动发动机时读取发动机系统数据流：发动机转速为______________ r/min。

3）曲轴位置传感器插接器连接状况______________________。

4）曲轴位置传感器 O 形圈状况____________________。

5）检测磁感式曲轴位置传感器阻值为____________________；所检测的阻值是否正常____________________。

三、曲轴位置传感器相关电路的测量

拔下曲轴位置传感器和 ECM 的插头，用万用表测量曲轴位置传感器电路端对端的阻值和对搭铁的阻值，将测量结果填写在下表。

检测项目	标准值	检测值	结论
B13-1—B31-122（NE+）			
B13-2—B31-121（NE-）			
B13-1 或 B31-122（NE+）—车身搭铁			
B13-2 或 B31-121（NE-）—车身搭铁			

四、曲轴位置信号盘齿的检查

检查信号盘齿的状况________________

五、检测曲轴位置传感器的波形

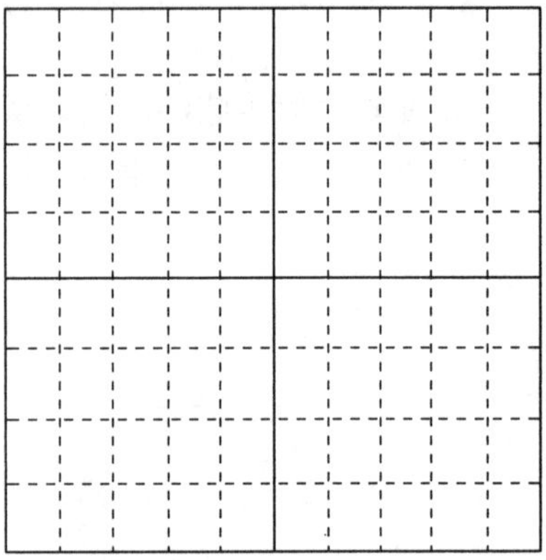

示波器正极连接____________________

示波器负极连接____________________

每格电压__________________________

每格时间__________________________

六、维修建议

根据以上诊断过程，写出对任务引入中故障的结论及维修建议。

七、评价总结

1. 小组互评

组别	操作流程			组内分工		
	不清晰	较清晰	很清晰	不明确	较明确	很明确

2. 自我评价

任　　务	评价等级			
	不会	基本不会	会	很熟练
1. 使用汽车故障诊断仪读取 ECU 故障码				
2. 拆卸曲轴位置传感器				
3. 检测曲轴位置传感器				
4. 检测曲轴位置传感器电路				
5. 检查曲轴位置传感器信号盘				
6. 检测曲轴位置传感器的波形				

3. 教师总评

工作页三　空气流量传感器的检修

实施器材

轿车整车或发动机台架、常用工具、万用表、故障诊断仪等。

一、空气流量传感器结构的认知

根据图示写出空气流量传感器的部件名称。

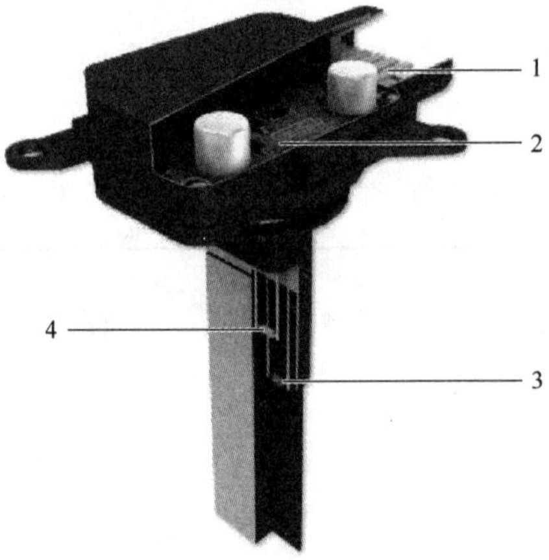

1. ____________　2. ____________　3. ____________　4. ____________

二、故障码和数据流的读取

1）用故障诊断仪读取发动机系统的故障码为____________，故障码所表示的含义为____________________。

2）清除故障码，再次读取故障码为______________________________。

3）用故障诊断仪读取发动机系统的数据流，空气流率定格数据流为：____________；起动发动机怠速运转空气流率动态数据流为：____________；通过测量的值查阅相关车型的维修手册，以上数据流是否正常____________。

4）空气流量传感器插接器连接状况____________________。

三、空气流量传感器电路的测量

1）检查空气流量传感器电源电压并将结果填写到下表。

测量端子	标准值	测量值	结论

2）测量熔丝 EFI No. 1 阻值为：____________________。

3）检查 VG、E2G 电路是否断路并将结果填写到下表。

测量端子	标准值	测量值	结论

4）检查 VG 电路是否短路并将结果填写到下表。

测量端子	标准值	测量值	结论

四、维修建议

根据以上诊断过程，写出对任务引入中故障的结论及维修建议。

五、评价总结

1. 小组互评

组别	操作流程			组内分工		
	不清晰	较清晰	很清晰	不明确	较明确	很明确

2. 自我评价

任　务	评价等级			
	不会	基本不会	会	很熟练
1. 使用汽车故障诊断仪读取 ECM 故障码和数据流				
2. 检测空气流量传感器及相关电路				
3. 更换空气流量传感器				

3. 教师总评

工作页四　进气压力传感器的检修

实施器材

轿车整车或发动机台架、常用工具、万用表、故障诊断仪等。

一、进气压力传感器结构的认知

根据图示写出画线所指进气压力传感器部件的名称

1. ____________ 2. ____________ 3. ____________ 4. ____________

二、故障码的读取

1）用故障诊断仪读取发动机系统的故障码为____________，故障码所表示的含义为______________________________。

2）清除故障码，再次读取故障码为______________________________。

3）读取进气压力传感器的读取流为：______________________________，（是/否）____正常。

4）进气压力传感器插接器连接状况____________________。

三、进气压力传感器的检查

1. 进气压力传感器外观____________，安装____________。

2. 进气压力传感器真空管____________________。

四、进气压力传感器相关电路的测量

拔下进气压力传感器插头，打开点火开关，用万用表测量下表电路中的值。

1）将电压测量结果填入下表。

检测项目	标准值	检测值	结论
MAP-C（VC）—车身搭铁			

2）将电路测量结果填入下表。

检测项目	标准值	检测值	结论
MAP-A（E2）—车身搭铁			
MAP-B—ECU-1（PIM）			
MAP-B 或 ECU-1（PIM）—车身搭铁			

五、进气压力传感器信号电压的测量

发动机状态	检测项目	标准值	检测值	结论
点火开关置于 ON（未起动）位	MAP 端子“B”电压			
怠速状态	MAP 端子“B”电压			
怠速状态且拔下真空软管	MAP 端子“B”电压			
增大节气门开度	MAP 端子“B”电压			

六、维修建议

根据以上诊断过程，写出对任务引入中故障的结论及维修建议。

七、评价总结

1. 小组互评

组别	操作流程			组内分工		
	不清晰	较清晰	很清晰	不明确	较明确	很明确

2. 自我评价

任　　务	评价等级			
	不会	基本不会	会	很熟练
1. 使用汽车故障诊断仪读取 ECM 故障码				
2. 检查进气压力传感器				
3. 检查进气压力传感器相关电路				

3. 教师总评

工作页五　凸轮轴位置传感器的检修

实施器材

轿车整车或发动机台架、常用工具、万用表、故障诊断仪等。

一、凸轮轴位置传感器结构的认知

根据图示写出画线所指凸轮轴位置传感器部件的名称。

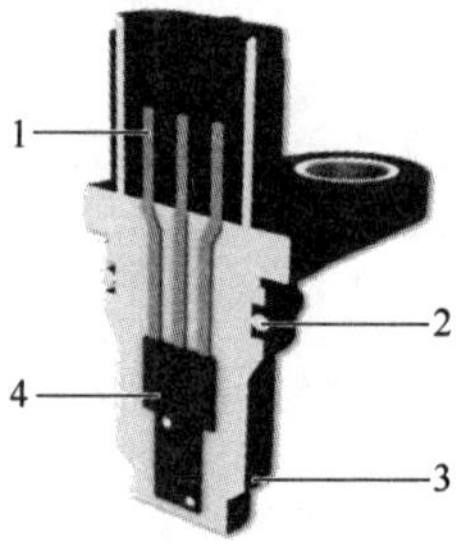

1. ____________　2. ____________　3. ____________　4. ____________

二、故障码的读取

1. 用故障诊断仪读取发动机系统的故障码为________________，故障码所表示的含义为______________________________。

2. 清除故障码，再次读取故障码为______________________________。

3. 凸轮轴位置传感器插接器连接状况______________________________。

三、进气凸轮轴位置传感器相关电路的测量

关闭点火开关，拔下进气凸轮轴位置传感器插头，用万用表测量下表电路中的值。

1）将电压测量结果填入下表。

检测项目	标准值	检测值	结论
电源端子（VC）与搭铁之间的电压			
信号端子（VVI＋）与搭铁之间的电压			

2）将电路测量结果填入下表。

检测项目	标准值	检测值	结论
B21-1—B31-99			
B21-2—B31-98			
B21-1 或 B31-99—车身搭铁			
B21-1 或 B31-98—车身搭铁			

四、凸轮轴位置传感器信号齿的检查

检查信号齿的状况________________

五、检测凸轮轴位置传感器的波形

示波器正极连接________________

示波器负极连接________________

每格电压________________

每格时间________________

六、维修建议

根据以上诊断过程，写出对任务引入中故障的结论及维修建议。

七、评价总结

1. 小组互评

组别	操作流程			组内分工		
	不清晰	较清晰	很清晰	不明确	较明确	很明确

2. 自我评价

任　务	评价等级			
	不会	基本不会	会	很熟练
1. 使用汽车故障诊断仪读取 ECU 故障码				
2. 检查进气凸轮轴位置传感器及相关电路				
3. 拆卸凸轮轴位置传感器				
4. 安装新的凸轮轴位置传感器				
5. 再次读取故障码				
6. 检测凸轮轴位置传感器的波形				

3. 教师总评

工作页六　冷却液温度传感器的检修

实施器材

轿车整车或发动机台架、常用工具、万用表、故障诊断仪等。

一、冷却液温度传感器结构的认知

根据图示写出冷却液温度传感器内部各部件的名称：

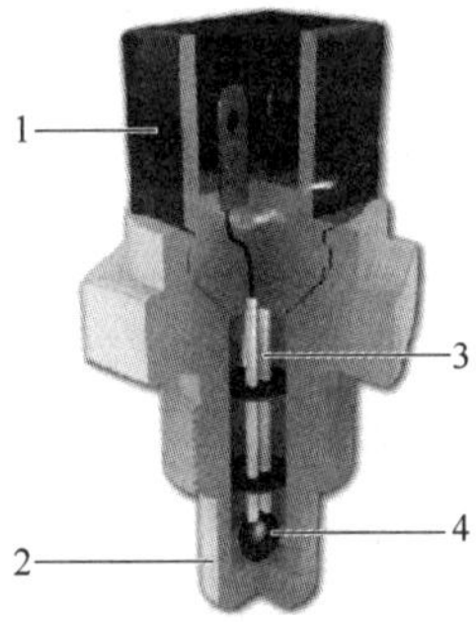

1. ____________　2. ____________　3. ____________　4. ____________

二、故障码和数据流的读取

1. 用故障诊断仪读取发动机系统的故障码为________________，故障码所表示的含义为_____________________________。

2. 清除故障码，再次读取故障码为______________________________。

3. 用故障诊断仪读取发动机系统冷却液温度传感器的数据流为____________，初步判断冷却液温度传感器可能存在（短路/断路）________________故障。

4. 冷却液温度传感器插接器连接状况____________________。

三、冷却液温度传感器的检测

将冷却液温度传感器放入烧杯中，并加热，测量不同温度下，传感器的阻值，并将阻值填入下表。

冷却液温度/℃	电阻值/Ω
20	
30	

（续）

冷却液温度/℃	电阻值/Ω
40	
50	
60	
70	
80	
90	
100	

通过测量的值查阅相关车型的维修手册，该冷却液温度传感器是否正常________。

四、冷却液温度传感器相关电路的测量

检测项目	标准值	检测值	结论
B3-2 —B31-97			
B3-1—B31-96			
B3-2 或 B31-97—车身搭铁			

五、维修建议

根据以上诊断过程，写出对任务引入中故障的结论及维修建议。

六、评价总结

1. 小组互评

组别	操作流程			组内分工		
	不清晰	较清晰	很清晰	不明确	较明确	很明确

2. 自我评价

任　　务	评价等级			
	不会	基本不会	会	很熟练
1. 用汽车故障诊断仪读取ECU故障码				
2. 用汽车故障诊断仪读取ECU内的数据流				
3. 冷却液温度传感器的故障排除				

3. 教师总评

工作页七　节气门位置传感器的检修

实施器材

轿车整车或发动机台架、常用工具、万用表、故障诊断仪等。

一、节气门位置传感器结构的认知

根据图示写出节气门体内部各零部件的名称。

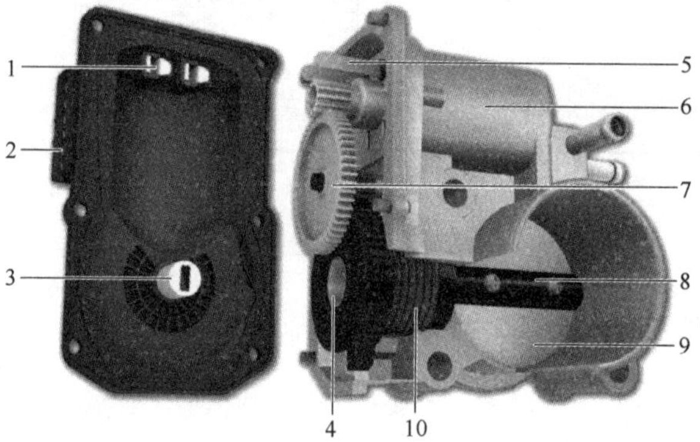

1. ____________　2. ____________　3. ____________　4. ____________

5. ____________　6. ____________　7. ____________　8. ____________

9. ____________　10. ____________

二、故障码和数据流的读取

1）用故障诊断仪读取发动机系统的故障码为____________，故障码所表示的含义为____________________。

2）清除故障码，再次读取故障码为____________________。

3）用故障诊断仪读取发动机系统节气门位置传感器的数据流，并填入下表中。

检测仪显示	完全松开加速踏板	完全踩下加速踏板
节气门位置 1		
节气门位置 2		

通过测量的值查阅相关车型的维修手册，该节气门位置传感器的数据流是否正常________。

4）节气门位置传感器插接器连接状况____________________。

三、节气位置传感器连接电路的检测

1）检查 VC、E2、VTA1、VTA2 电路断路并填写到下表中。

测量端子	标准值	测量值	结论

2）检查 VC、VTA1、VTA2 电路对搭铁短路并填写到下表中。

测量端子	标准值	测量值	结论

3）检查 VC 电压并填写到下表中。

测量端子	标准值	测量值	结论

四、维修建议

根据以上诊断过程，写出对任务引入中故障的结论及维修建议。

五、评价总结

1. 小组互评

组别	操作流程			组内分工		
	不清晰	较清晰	很清晰	不明确	较明确	很明确

2. 自我评价

任　务	评价等级			
	不会	基本不会	会	很熟练
1. 用汽车故障诊断仪读取 ECU 故障码				
2. 用汽车故障诊断仪读取 ECU 内的数据流				
3. 测量节气门位置传感器电路				

3. 教师总评

工作页八　氧传感器的检修

实施器材

轿车整车或发动机台架、常用工具、万用表、故障诊断仪等。

一、氧传感器结构的认知

根据图示写出氧传感器内部各零部件的名称。

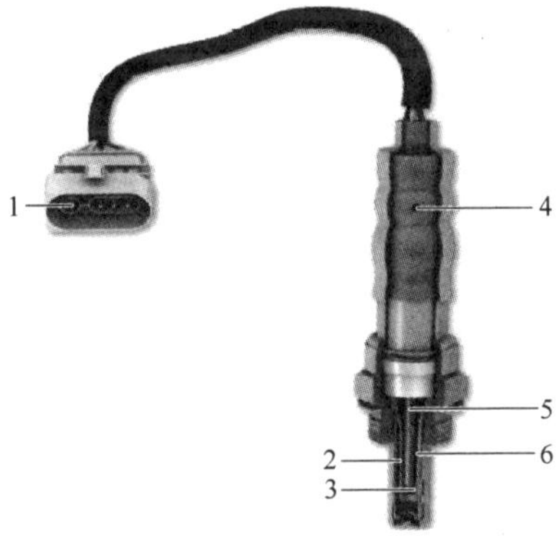

1. ____________　2. ____________　3. ____________

4. ____________　5. ____________　6. ____________

二、故障码和数据流的读取

1）用故障诊断仪读取发动机系统的故障码为______________，故障码所表示的含义为____________________________。

2）清除故障码，再次读取故障码为____________________________。

3）用故障诊断仪读取发动机系统的数据流，并填入下表。

喷油时间		点火提前角	
氧传感器的电压		空燃比反馈控制	

通过测量的值查阅相关车型的维修手册，以上数据流是否正常____________。

4）氧传感器插接器连接状况____________________。

三、氧传感器波形的检测

在发动机怠速状态下检查氧传感器的输出波形，并记录在下面的方格中。

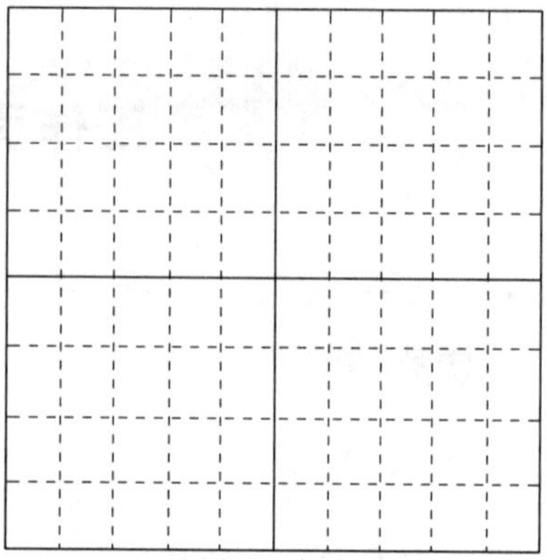

示波器正极连接________________

示波器负极连接________________

每格电压______________________

每格时间______________________

四、氧传感器的检测

1）检查氧传感器外观________________。

2）检查氧传感器端子1（HT）和端子2（+B）之间的电阻（加热元件），其阻值为________________，（是/否）________________正常。

五、氧传感器电路的测量

1）检查氧传感器加热元件电源电压并填写到下表。

测量端子	标准值	测量值	结论

2）测量熔丝 EFI NO. 2 阻值为：________________。

3）检查 HT1A、OX1A、EX1A 电路断路并填写到下表。

测量端子	标准值	测量值	结论

4）检查 HT1A、OX1A、EX1A 电路短路并填写到下表。

测量端子	标准值	测量值	结论

六、维修建议

根据以上诊断过程，写出对任务引入中故障的结论及维修建议。

七、评价总结

1. 小组互评

组　　别	操 作 流 程			组 内 分 工		
	不清晰	较清晰	很清晰	不明确	较明确	很明确

2. 自我评价

任　　务	评 价 等 级			
	不会	基本不会	会	很熟练
1. 用汽车故障诊断仪读取 ECU 故障码				
2. 用示波器检测氧传感器的波形				
3. 拆卸氧传感器				
4. 检测氧传感器				
5. 测量氧传感器电路				

3. 教师总评

工作页九　爆燃传感器的检修

实施器材

轿车整车或发动机台架、常用工具、万用表、故障诊断仪等。

一、爆燃传感器结构的认知

根据图示写出爆燃传感器内部各零部件的名称。

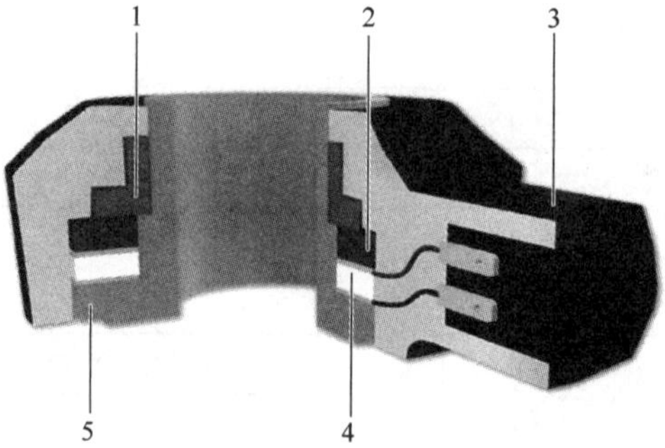

1. ________　2. ________　3. ________　4. ________
5. ________

二、故障码和数据流的读取

1）用故障诊断仪读取发动机系统的故障码为__________，故障码所表示的含义为__________________。

2）清除故障码，再次读取故障码为____________________。

三、爆燃传感器的检测

1）就车用工具敲击发动机机体检查爆燃传感器时发动机转速__________。

2）用万用表测量爆燃传感器两个端子的阻值为______，该数值是否正常______。

四、爆燃传感器电路的测量

1）检查 KNK1、EKNK 电路断路并填写到下表。

测量端子	标准值	测量值	结论

2）检查 KNK1、EKNK 电路短路并填写到下表。

测量端子	标准值	测量值	结论

五、维修建议

根据以上诊断过程，写出对任务引入中故障的结论及维修建议。

六、评价总结

1. 小组互评

组别	操作流程			组内分工		
	不清晰	较清晰	很清晰	不明确	较明确	很明确

2. 自我评价

任务	评价等级			
	不会	基本不会	会	很熟练
1. 用汽车故障诊断仪读取 ECU 故障码				
2. 就车检查爆燃传感器				
3. 检测爆燃传感器				
4. 检测爆燃传感器电路				

3. 教师总评

工作页十　燃油供给系统的检修

实施器材

轿车整车或发动机台架、常用工具、万用表、故障诊断仪等。

一、燃油供给系统部件的认知

根据图示写出燃油供给系统各零部件的名称：

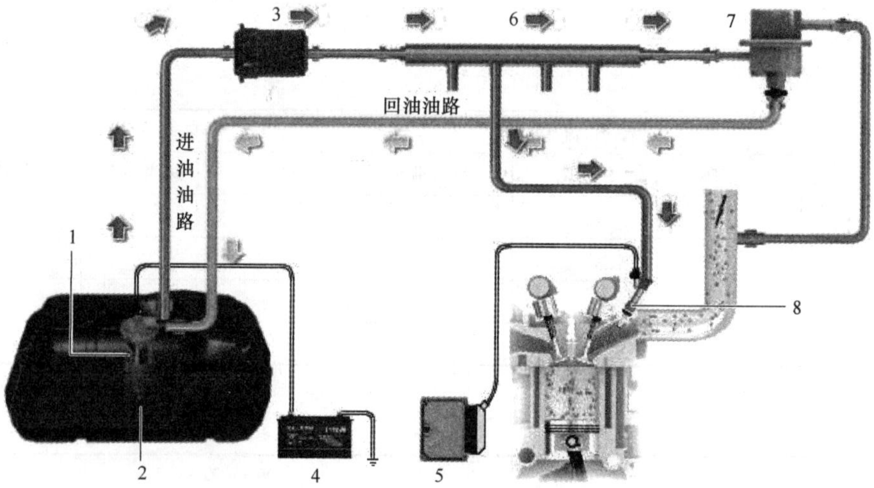

1. ____________　2. ____________　3. ____________　4. ____________

5. ____________　6. ____________　7. ____________　8. ____________

二、燃油系统压力的检测

起动发动机，用燃油压力表测量燃油压力，完成下表的填写。

测量内容	标准值	测量值	结论
怠速时油压			
急加速时油压			
大负荷时油压			
拔下燃油压力调节器真空管时油压			
残余压力			

三、燃油泵控制电路的检测

1）如发动机无法起动，打开点火开关检查电动燃油泵（是/否）________有工作的声音。

2）测量熔丝 IGN 阻值为____________________。

3）检测燃油泵继电器（是/否）____________________正常。

4）检测电动燃油泵。

① 用万用表检测燃油泵两个端子之间的电阻，阻值为____________________。

② 在燃油泵的两个端子之间施加蓄电池电压，燃油泵（是/否）______工作。

四、维修建议

根据以上诊断过程，写出对任务引入中故障的结论及维修建议。

五、评价总结

1. 小组互评

组　别	操作流程			组内分工		
	不清晰	较清晰	很清晰	不明确	较明确	很明确

2. 自我评价

任　务	评价等级			
	不会	基本不会	会	很熟练
1. 燃油系统卸压				
2. 检测燃油系统压力				
3. 检测电动燃油泵				

3. 教师总评

工作页十一　喷油器的检修

实施器材

轿车整车或发动机台架、常用工具、万用表、故障诊断仪等。

一、喷油器结构的认知

根据图示写出喷油器内部各零部件的名称。

1. ____________　2. ____________　3. ____________　4. ____________

5. ____________　6. ____________　7. ____________　8. ____________

9. ____________

二、故障码和数据流的读取

1）用故障诊断仪读取发动机系统的故障码为______________，故障码所表示的含义为____________________________。

2）清除故障码，再次读取故障码为____________________________。

3）各缸喷油器插接器的连接状况__________________。

三、喷油器的检测

1）用万用表测量喷油器两个端子的阻值，完成下表的填写。

所测喷油器气缸号	测　量　值	标　准　值	结　　论

2）在喷油器的两个端子通 12V 电压，此时____________打开和关闭的“咔嗒”声。

四、喷油器电路的测量

1）检查喷油器电源电压并填写到下表。

测量端子	标准值	测量值	结论

2）检查#10、#20、#30、#40 电路断路并填写到下表。

测量端子	标准值	测量值	结论

3）检查#10、#20、#30、#40 电路短路并填写到下表。

测量端子	标准值	测量值	结论

五、喷油器喷油波形的检测

请将所检测的喷油器喷油波形画到右侧表中。

示波器正极连接________________

示波器负极连接________________

每格电压________________

每格时间________________

六、维修建议

根据以上诊断过程，写出对任务引入中故障的结论及维修建议。

七、评价总结

1. 小组互评

组别	操作流程			组内分工		
	不清晰	较清晰	很清晰	不明确	较明确	很明确

2. 自我评价

任务	评价等级			
	不会	基本不会	会	很熟练
1. 用汽车故障诊断仪读取 ECU 故障码				
2. 检测喷油器				
3. 检测喷油器相关电路				
4. 检测喷油器喷油波形				

3. 教师总评

工作页十二　点火系统的检修

实施器材

轿车整车或发动机台架、常用工具、万用表、故障诊断仪等。

一、点火系统结构的认知

根据图示写出点火系统各零部件的名称。

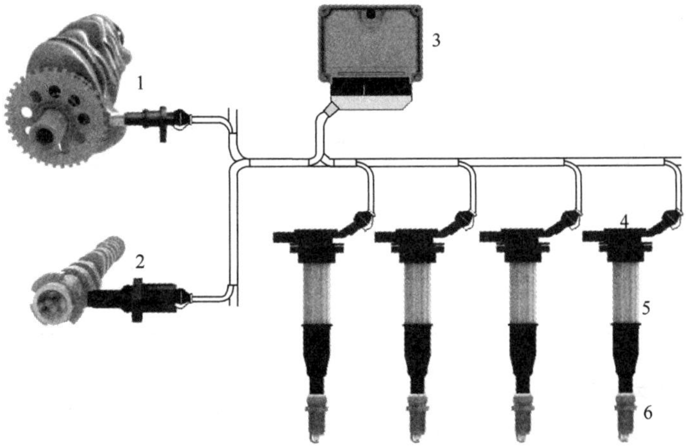

1. ____________　2. ____________　3. ____________　4. ____________

5. ____________　6. ____________

二、故障码和数据流的读取

1）用故障诊断仪读取发动机系统的故障码为________________，故障码所表示的含义为______________________________。

2）清除故障码，再次读取故障码为______________________________。

三、点火线圈的检测

调换故障气缸的点火线圈，再次读取故障码为____________________，判断故障为：____________________。

四、点火系统电路的测量

1）检查点火线圈电源电压并填写到下表。

测量端子	标准值	测量值	结论

2）检查 IGT1、IGT2、IGT3、IGT4 电路断路并填写到下表。

测量端子	标准值	测量值	结论

3）检查 IGT1、IGT2、IGT3、IGT4 电路短路并填写到下表。

测量端子	标准值	测量值	结论

五、点火波形的检测

请将所检测的点火波形（IGT 和 IGF）画到右侧表中。

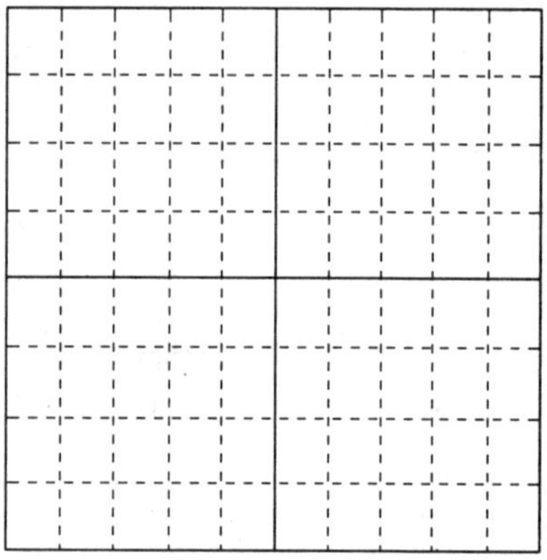

示波器正极连接________________

示波器负极连接________________

每格电压______________________

每格时间______________________

六、维修建议

根据以上诊断过程，写出对任务引入中故障的结论及维修建议。

七、评价总结

1. 小组互评

组　别	操作流程			组内分工		
	不清晰	较清晰	很清晰	不明确	较明确	很明确

2. 自我评价

任　务	评价等级			
	不会	基本不会	会	很熟练
1. 用汽车故障诊断仪读取 ECU 故障码				
2. 检查点火线圈				
3. 检查电控点火系统相关电路				
4. 检测点火信号波形				
5. 检查火花塞				

3. 教师总评

工作页十三　怠速控制系统的检修

实施器材

轿车整车或发动机台架、常用工具、万用表、故障诊断仪等。

一、故障码与数据流的读取

1）用故障诊断仪读取发动机系统的故障码为____________________，故障码所表示的含义为______________________________。

2）清除故障码，再次读取故障码为______________________________。

3）读取发动机系统数据流：发动机转速________________，节气门开度________________，怠速控制阀的步进角____________________。

4）怠速控制阀插接器连接状况______________________________。

二、怠速控制阀的测量

用合适的工具从节气门体上拆下怠速控制阀，用万用表测量怠速控制阀的两个线圈，并将测量结果填写在下表。

检测项目	标准值	检测值	结论

三、怠速控制阀相关电路的测量

关闭点火开关，拔下怠速控制阀插接器，然后再打开点火开关用万用表测量，并将测量结果填写在下表。

检测项目	标准值	检测值	结论

四、维修建议

根据以上诊断过程，写出对任务引入中故障的结论及维修建议。

五、评价总结

1. 小组互评

组　别	操作流程			组内分工		
	不清晰	较清晰	很清晰	不明确	较明确	很明确

2. 自我评价

任　务	评价等级			
	不会	基本不会	会	很熟练
1. 用汽车故障诊断仪读取发动机 ECU 的故障码和数据流				
2. 检修怠速控制阀				

3. 教师总评

工作页十四　排放控制系统的检修

实施器材

轿车整车或发动机台架、常用工具、万用表、故障诊断仪等。

一、读取故障码

1）用故障诊断仪读取发动机系统的故障码为________________，故障码所表示的含义为______________________________。

2）清除故障码，再次读取故障码为______________________________。

3）读取发动机系统数据流：发动机转速________________，节气门开度____________，发动机冷却液温度____________，点火提前角________________。

二、三元催化转换器的检修

1. 外观检查

检查情况______________________________

结果分析______________________________

维修方案______________________________

2. 加热法检查

检查情况______________________________

结果分析______________________________

维修方案______________________________

三、废气再循环的检修

1. EGR 阀的测试

检查情况______________________________

结果分析______________________________

维修方案______________________________

2. EGR 控制系统的检查

检查情况______________________________

结果分析______________________________

维修方案______________________________

四、燃油蒸发排放控制系统的检修

1. 外观检查

检查情况________________________________

结果分析________________________________

维修方案________________________________

2. 就车检查

检查情况________________________________

结果分析________________________________

维修方案________________________________

3. 炭罐电磁阀的检查

检查情况________________________________

结果分析________________________________

维修方案________________________________

五、维修建议

根据以上诊断过程，写出对任务引入中故障的结论及维修建议。

六、评价总结

1. 小组互评

组　别	操作流程			组内分工		
	不清晰	较清晰	很清晰	不明确	较明确	很明确

2. 自我评价

任　务	评价等级			
	不会	基本不会	会	很熟练
1. 用汽车故障诊断仪读取发动机 ECU 的故障码				
2. 检修三元催化转换器				
3. 检修废气再循环				
4. 检修燃油蒸发排放控制系统				

3. 教师总评